KB272059

이만큼 가까운 기후위기

기후의 시대를 사는 우리의 모습을 기록하다

이만큼 가까운 기후위기

정봉석 지음

산지니

프롤로그

비가 내린 다음 날, 제주 비자림 숲을 걸었다. 촘촘한 잎 사이로 스며든 빛은 젖은 공기 속에서 부유했고, 바닥에는 이끼와 젖은 낙엽의 냄새가 가득했다. 물방울이 가지 끝을 타고 흐르며 흙으로 스며드는 소리가 귀에 닿을 때마다 숲은 마치 스스로를 치유하는 생명체처럼 느껴졌다. 나는 오래된 질문 하나를 마음속에서 되물었다.

'이 숲은 앞으로 얼마나 더 이 푸름을 간직할 수 있을까.'

기후위기의 시대를 살며 우리가 잃어가는 것은 단지 온화한 기온이나 적당한 강수량이 아니다. 사라지는 계절, 잦아지는 폭우와 가뭄, 도시의 매연 속에서 변해버린 바람의 냄새. 그 속에서는 우리가 기억해온 풍경과 감정이 스러지고 있다. 자연의 변화는 결국 우리 자신이 변해가는 과정이기도 하다.

이 책에 담긴 글들은 그런 변화의 한가운데에서 쓴 기록이다. 〈주간경향〉 지면을 통해 이어온 수년의 글쓰기는 거대한 재난을 분석하기보다 그 속에서 사람과 자연의 관계를 다시 묻고, 우리가 잊어가던 감각을 되살리려는 여정이었다. 밴쿠버의 폭염, 로키산맥의 빙하, 리비아의 홍수, 비자림 숲의 비바람 속에서 나는 우리가 얼마나 가까이에서 기후위기를 마주하고 있는지를 느꼈다.

기후위기는 더 이상 뉴스 속 숫자가 아니다. 여름날 식지 않는 열기 속에서, 불시에 쏟아지는 비에 잠긴 거리에서, 말라가는 나무 한 그루 앞에서 나는 질문 하나를 마주했다.

'이대로 괜찮을까?'

나는 거창한 해답을 내놓기 위해 이 책을 쓰지 않았다. 다만 우리가 서 있는 자리와 지나온 풍경, 그리고 아직 남아 있는 가능성을 함께 바라보고 싶었다. 전문가의 시선이 아닌, 일반 시민의 눈으로 기후위기의 현실을 서술하고 싶었다. 비자림 숲의 나무들이 서로에게 기대어 바람을 견디듯, 우리 또한 이 시대의 바람 속에서 서로를 의지하며 길을 찾아야 한다고 믿고 싶었다.

이 책은 그 믿음의 기록이다. 그리고 오늘을 살아가는 우리가 미래를 이어갈 이들에게 건네는 작은 약속이 되기를 바란다.

차례

기후위기의 얼굴

지구가 보내는 신호

폭염, 가뭄, 홍수, 한파, 폭설까지. 기후위기의 징후는 이미 우리의 일상에 깊숙이 들어와 있다. 이 부는 세계 곳곳에서 관측된 기후 재난의 생생한 현장을 따라가며, 지구가 우리에게 보내는 경고음을 살펴본다.

폭염·가뭄·홍수, 밴쿠버를 덮친 기후재앙

밴쿠버는 캐나다 서부 태평양과 맞닿은 브리티시컬럼비아
(BC)주의 서남단에 위치한 아름다운 도시다. 캐나다에서도 토론
토, 몬트리올에 이어 세 번째로 규모가 큰 도시로, 미국으로 치면
로스앤젤레스 정도의 입지를 가지고 있어 한국인을 포함한 많은
인종이 함께 모여 사는 이민도시이다.

밴쿠버는 높은 위도(북위 49.3도)에 위치해 다른 캐나다 도시
(토론토 북위 43.7도, 몬트리올 북위 45.5도)보다 더 추울 것 같지만 오
히려 다른 캐나다 도시뿐만 아니라 한국의 서울(북위 37도)보다도
겨울 날씨가 따뜻하다. 적도에서 올라온 따뜻한 태평양의 해류가
밴쿠버 서쪽으로 흘러, 바다에서 불어오는 따뜻하고 습한 바람이
겨울철 밴쿠버 해안 지역을 따뜻하게 하기 때문이다. 이 습한 공

이 글은 2022년 2월 17일 자 기사(《주간경향》 1463호)를 바탕으로 작성되었으며, 당시 필
자는 캐나다 토론토에 머물고 있어 현지 상황과 보도를 직접 접할 수 있었다. 본문에 언급된
수치와 사건들은 모두 그 시점 기준이다.

밴쿠버항에서 밴쿠버 도심을 바라본 모습 | 언스플래쉬

기들은 해안을 지나 동쪽에 위치한 로키산맥을 타고 상승하면서 머금은 습기를 밴쿠버에 쏟아낸다. 겨울비가 많이 내린다는 특징 때문에 밴쿠버는 '레인쿠버(Raincouver)'라는 별칭도 가지고 있다. 여름에는 시원하고 건조하며 겨울에는 따뜻하고 습해 세계에서 살기 좋은 도시 상위권에 올라 있다.

밴쿠버 기후재앙

그런데 이렇게 '살기 좋은' 밴쿠버와 주변 BC주가 2021년 여름부터 이듬해 겨울까지, 기후변화로 발생한 세 번의 기후재앙으로 몸살을 앓았다.

첫째, 밴쿠버 주변 평년기온이 22도인데, 2021년 6월 말에 인근 도시 리턴에서 기온이 무려 49.6도까지 올라가는 열돔 현상을 기록했다. 이는 캐나다 역사상 최고의 온도로, 에어컨을 거의 설치하지 않는 밴쿠버 시민에게는 상상하기 힘든 고온이었다. 열돔은 지열로 뜨거워진 공기가 빠져나가지 못하고 대지를 또다시 데워 온도가 올라가는 현상으로, 여름이 항상 시원한 밴쿠버에서 보기 힘든 기후재앙이었다.

둘째, 2021년 여름 뜨겁고 건조한 날씨로 BC주에서 무려 1,500건이 넘는 산불이 발생했다. 존 호건 BC주지사는 비상사태를 선포하고 40번 이상의 대피명령을 내렸다. 약 5,700명의 사람들과 2,900개의 건물들이 이 산불로 피해를 입었다. 특히 최고 기온을 기록했던 리턴의 한 마을은 90%가 산불로 파괴되었다. 여름철이면 산불이 자주 발생하던 지역이지만, 이번 산불의 크기는 남달랐다. BC주에서 발생한 산불의 스모그가 멀리 있는 토론토까지 영향을 미치는 등 많은 이들이 산불의 크기를 실감했다.

힘든 고난은 동시에 온다고 했던가? 앞의 기후재난도 치명적이었지만 그보다 더한 폭우와 홍수가 밴쿠버 지역을 휩쓸었다. 2021년 11월부디 BC주에 기록적인 폭우가 쏟아지면서 수천 명의 주민들이 집을 떠나 대피했고 밴쿠버는 사실상 봉쇄됐다. 홍수로 인한 산사태까지 겹치면서 캐나다 최대 항구인 밴쿠버항으로 통하는 모든 철도가 끊겼다. 가뜩이나 코로나19로 정체됐던 공급망이 아예 막혀버렸다. BC주지사는 다시 비상사태를 선포하고 여행금지령을 내렸다. 캐나다 국영방송국인 CBC메인뉴스는 2주일 동안 이 사태를 첫머리에 보도하며 심각성을 알렸다.

왜 밴쿠버와 BC주는 홍수에 이렇게 속수무책으로 당했을까? 원래 비가 많이 오는 지역인데 왜 미리 방지하지 못했을까? 그 답은 홍수에 대비한 하천 설계에 있다. 인류는 초기 문명부터 물의 접근이 용이한 강을 중심으로 도시를 만들어왔다. 예를 들어 초기 문명으로 알려진 메소포타미아의 어원도 '두 강 사이에 있는 땅'이란 뜻이다. 강을 중심으로 만든 도시는 항상 재앙적인 홍수의 피해에 노출돼 있고, 그 피해를 최소화하는 것은 과거부터 현시대까지 도시계획의 우선 과제다. 이때는 '예상 가능한' 홍수에 대비해 하천 제방을 높이고 세굴(국부적인 침식) 및 침투가 발생하지 않도록 설계하는데, 일반적인 계획 홍수량은 50년에서 100년에 사이에 한 번 올 수 있는 최대 홍수량을 고려한다. 이번 BC주의 홍수는 500년에 한 번 발생하는 규모로, 예상치를 훨씬 뛰어넘었다. 당연히 기존의 홍수 방지책은 유명무실했고, 물은 도시를 침탈해 도로와 철도망을 붕괴하고 인명손실을 가져왔다.

밴쿠버 지역의 폭염, 가뭄으로 인한 산불, 그리고 폭우의 근본 원인은 기후변화이다. 지구온난화가 시작되면서 대기가 더 많은 수분을 보유—대기는 섭씨 1도씨 상승 시 약 7% 더 많은 수분을 보유—하고, 이는 지구상 물의 순환사이클에 직접적인 영향을 미치며 기후변화를 야기했다. 지구온난화로 인한 따뜻한 대기는 물의 증발을 높여 대지 표면을 더 건조하게 했다. 특히 밴쿠버 지역에는 뜨거워진 공기가 빠져나가지 못하면서 열돔현상이 발생했다. 건조해진 지표면은 가뭄을 심화시키며 대규모의 산불사태를 초래했다. 건조되어 단단해진 토양은 비가 왔을 때 많은 물을 흘려보냈고, 이번의 기록적인 폭우와 함께 처참한 홍수사태를 불러일으켰다.

캐나다 기후변화 대책

당시 캐나다 트뤼도 총리는 "2021년 밴쿠버 지역에서 나타난 극한의 날씨는 지구온난화로 인한 기후변화의 영향이 '예상보다 빨리' 도래하고 있음을 보여주고 그 영향들은 재앙적"이라고 말했다. 캐나다 정부는 다가오는 기후변화에 대응하기 위해 연방 '재난 완화 및 적응기금(Disaster Mitigation and Adaptation Fund)'을 2018년부터 운영하고 있다. 기금은 캐나다 지역사회가 기후변화에 대응할 수 있는 기반 시설을 마련하는 프로젝트에 10년 동안 매년 20억 달러를 투입한다. 이에 더해 2021년부터는 매년 13억 7천만 달러의 예산을 추가했다. BC주의 홍수사태 지역을 직접 방문한 트뤼도 총리는 "기후변화에 어려움을 겪는 지역사회를 돕기 위해 계속해서 이 기금을 늘릴 것"이라고 말했다.

기후변화를 멈출 수 있을까? 이를 위해서는 지구온난화의 원인인 온실가스를 감축해야 한다. 동시에 이미 진행 중인 기후변화에 적응하려는 노력이 필요하다. 국제사회는 1997년 선진국에 온실가스 감축 의무를 부여하는 교토의정서 채택에 이어, 2015년에 선진국과 개도국이 모두 참여하는 파리협정을 채택했다. 하지만 제26차 유엔기후변화협약 당사국총회(COP26)에서는 최대 쟁점 사항이었던 지구의 온도 상승 폭을 산업화 이전 대비 1.5도 이내로 억제하는 목표의 구체적 실행 방안에 관한 합의를 이루지 못했다. 1.5도는 기후재앙을 막을 마지막 마지노선으로 알려졌지만, 각국의 이해와 입장이 첨예하게 대립하면서 지구온난화를 막는 전 세계적 합의를 이루지 못하고 있다.

얼마 전부터 토론토 지역 슈퍼마켓 계산대에서 BC주 홍수피해 기부금을 받는다는 푯말이 등장했다. 이런 재앙은 밴쿠버만으로 끝날까? 지구온난화는 전 지구에 영향을 미치고, 그에 따른 기후변화는 모든 지역이 함께 겪는다. 전 인류가 지혜를 모아 지구온난화의 난제를 풀어야 한다.

1.5도를 향해 움직이는 기후위기 시계의 톱니바퀴는 오늘도 째깍째깍 움직이고 있다.

호수의 얼음이 사라져간다

2021년 3월 초 주말, 캐나다 토론토에서 북쪽으로 약 한 시간 정도 차를 운전해 심코호(Lake Simcoe)를 방문했다. 이 호수는 유럽인들이 북미에 정착하기 전, 원주민들로부터 '아름다운 물'로 불렸다. 과거의 이름처럼 깨끗한 물과 아름다운 풍광으로 토론토 시민이 즐겨 찾는 휴양지로 유명하다. 호수의 면적은 744km^{2}로 한국에서 가장 큰 호수인 소양호(70km^2)보다 10배 이상 큰 거대 호수다.

이처럼 큰 호수가 겨울이 되면 푸른색의 겉옷을 벗고 하얀색의 포근한 털옷을 입는다. 호수에 평균 50cm 두께의 얼음이 뒤덮인다. 그 위에 덧뿌린 흰 눈은 신세계를 만들어 호수 위로 사람들을 초대한다. 여름에 보던 크고 푸르렀던 호수가 하얀색의 광야로 바뀌는 것도 새롭지만 그 광대한 호수 가운데를 가로질러 뚜벅뚜

이 글은 2022년 4월 4일 자 기사(《주간경향》 1471호)를 바탕으로 작성되었으며, 당시 필자가 캐나다 토론토에 머물고 있을 때 방문한 심코호를 배경으로 작성했다. 본문에 언급된 수치와 사건들은 모두 그 시점 기준이다.

벽 걸어가는 것은 겨울 호수만이 주는 즐거움이다. 수시로 얼음이 안전한지 발로 두들기며 걷는 마음은 예수와 함께 걸었던 베드로의 걱정스런 마음과 비슷하지 않을까. 광활한 호수 위에 홀로 서서 주변을 바라볼 때면 자연이 주는 아름다움과 웅장함에 압도당한다.

심코호는 온타리오에서 가장 인기 있는 얼음낚시터이기도 하다. 호수는 특유의 아름다움과 풍부한 어종자원으로 온타리오주뿐만 아니라 주변 뉴욕주와 미시건주의 강태공들을 불러 모은다. 이곳을 방문한 날 역시 군데군데 터를 잡고 있는 강태공들이 보였다. 나 역시 그들 중 하나가 돼 얼음낚시를 시작했다. 얼음 속으로 구멍을 파고 낚시줄에 미끼를 놓아 호수 속 물고기와 밀당을 시작했다. 얼음 구멍 속으로 비친 호수의 속살은 마치 자연의 신비를 몰래 찾아보는 비밀통로 같았다. 깨끗한 물은 호수 바닥까지 속내를 보여줬다. 미끼를 살짝 건드리고 지나가는 물고기는 내가 광활한 호수의 한가운데 서 있음을 다시금 확인시켰다.

황농어 여러 마리를 잡았다. 매섭기로 유명한 캐나다의 겨울 날씨 속에서 어떻게 낚시가 가능하냐고 반문할 수 있겠다. 비밀은 빙판 위에 세워진 간이 오두막에 있다. 눈보라가 치는 날 난방이 된 간이 오두막 안에 앉아 낚시하는 재미는 이곳만이 가질 수 있는 색다른 즐거움이다. 그리고 요즘 들어 캐나다의 겨울은 예년에 비해 정말 따뜻하다. 호수를 방문한 3월 초에 벌써 영상의 온도로 푸근해진 겨울을 느낄 수 있었다.

3월 5일 캐나다 온타리오주 심코호가 얼어 있다. | 정봉석

얼지 않는 호수

이런 즐거움이 어쩌면 곧 사라질 수도 있다. 미국 지구물리학회(AGU)에서 발간된 연구결과에 따르면, 북미 호수들에서 얼음이 더 늦게 얼고 더 일찍 녹으면서 얼음이 덮이는 기간이 짧아지고 있다고 한다. 얼음 지속 시간이 산업혁명 이후 1세기(100년)당 평균 2주 이상 짧아졌으며 호수는 전체 얼음 면적의 34%까지 줄어들었다. 특히 최근 25년의 변화량은 더욱 심각하게 나왔는데, 과거에 비해 6배 빠른 속도로 호수의 얼음이 사라졌다.

북미 오대호를 포함한 약 15,000개의 호수가 어떤 겨울에는 얼음이 없는 상태를 유지하기 시작했다. 오대호 중 하나인 슈피리어호(Lake Superior)는 세계에서 가장 빠르게 온난화의 영향을 받는 호수다. 호수에 얼음이 어는 기간이 1세기당 37.8일 사라졌다. 호수가 점점 얼음이 없는 상태로 바뀌고 있다. 호수 표면과 대기 사이의 물리적 장벽이 제거되면서 연중 내내 증발이 발생해 사용 가능한 물의 양도 줄어들고 있다.

사라지는 얼음은 호수 생태계에도 영향을 미친다. 봄에 더 일찍 얼음이 깨지면 개방 수역 시즌이 길어지고 여름 수온이 더 상승한다. 이는 주변 기온을 따뜻하게 하고 폭풍우를 더 많이 발생시켜 호수에 더 많은 영양분을 공급한다. 슈피리어호의 춥고 깊고 깨끗한 물에서 서식이 불가능하다고 생각했던 시아노박테리아(남조류)가 여름철에 널리 퍼지기 시작했다. 일부 호수에서는 녹조가 특히 두꺼워져 물속 깊은 곳에 도달하는 햇빛의 양이 감소했다. 햇빛이 적으면 광합성이 감소해 궁극적으로 수중생물을 부양할 수 있는 용존산소 농도가 감소하고 호수 생태계에도 나쁜 영향을 미친다.

호수 일부 물고기에게는 긴 겨울이 필수적이다. 호수가 개방되면서 온도 변화가 빨라진다. 이는 어류의 배아와 산란에도 영향을 미쳐 기존의 먹이 찾기와 같은 중요한 활동 시기의 불일치를 가져와 어류 생태계를 파괴한다. 최근, 겨울이 짧아지면서 이리호(Lake Erie)의 황농어는 작은 알과 약한 물고기를 다수 생산하고, 이들이 성체까지 생존할 가능성이 줄어들고 있다는 조사결과가 나왔다. 결국 먹이사슬 그물 전체에 광범위한 파급 효과가 발생한다.

화석연료의 오남용으로 인한 인위적인 기후변화는 전 세계적으로 기온 상승을 촉발한다. 매년 겨울에 215,000개의 호수가 더 이상 얼지 않을 수 있다는 예측도 나온다. 캐나다 주정부들은 변화하는 상황에 맞춰 2022년 3월 14일까지 얼음낚시 오두막을 철거할 것을 명령했다. 보통 3월 말까지 얼음낚시를 즐기던 캐나다인들로선 지구온난화와 기후변화를 보다 심각하게 느낄 수밖에 없다.

물 순환 사이클

지구온난화가 시작되면서 대기의 물 순환 사이클에 변화가 생겼다. 대기는 따뜻해지면 더 많은 물을 수용한다. 이는 다시 비와 눈의 형태로 대지에 돌아오는 물의 양을 높인다. 또한 따뜻해진 지구 대기는 호수의 얼음을 줄이고 수온을 상승시킨다. 이는 또 증발하는 물의 양 증대로 이어져 물 순환 사이클의 속도를 높인다. 대기가 머금은 물의 양이 많아진 만큼, 더 많은 강우량을 가진 폭우의 가능성 또한 커진다. 동시에 따뜻한 대기가 물의 증발을 높여 대지 표면을 더 건조하게 하고 가뭄을 심화해 산불 위험을 높인다.

건조된 토양은 단단한 땅의 특성으로 인해 비가 왔을 때 많은 물을 흘려보내기 쉽다. 이로 인해 폭우와 함께 대규모 홍수의 위험이 커진다. 2021년 11월 밴쿠버 지역을 휩쓸었던 홍수사태도 지구온난화로 지구의 물 순환 사이클에 변화가 생기기 시작하면서 발생했다. 최근 수십 년 동안 호수의 얼음 면적이 전 세계적으로 감소하고 물 순환 사이클의 변화가 생기기 시작한 원인은 산업 혁명 이후 증가한 온실가스 배출량만으로 설명할 수 있다. 기후변화를 늦추고 궁극적으로 호수 얼음을 보존하기 위해서는 온실가스 배출 제한 외에 다른 마법의 해결책은 없다.

캐나다 북부 지역 사회의 경우 얼음은 겨울 생활의 한 부분이다. 수많은 캐나다 아이들이 인근 호수, 지역 연못, 뒤뜰 아이스링크에서 스케이트를 타고 하키를 하는 방법을 배운다. 최근 따뜻한 겨울은 야외 아이스하키와 스케이팅 시즌을 단축하고 있다. 얼음낚시 대회가 하나둘 취소되면서 지역경제에도 나쁜 영향을 미친다. 위니펙호(Lake Winnipeg)의 겨울 얼음낚시 시즌만 해도 매년 2억 달러 이상의 수익을 냈지만, 따뜻해지는 겨울은 이러한 지역경제에 위협으로 다가올 것이다.

지구온난화로 점점 더 예측할 수 없이 불안정해지는 얼음층은 안전문제를 일으킨다. 또 북쪽 원주민 사회에 치명적인 겨울 익사 사고를 증대시킨다. 북부 호수의 얼음 면적이 지금과 같은 속도로 계속 감소한다면 심각한 생태적·문화적 결과를 낳을 수밖에 없다. 거의 얼지 않는 호수들이 가까운 장래에 부지기수로 등장할 것이다.

심코호가 내미는 겨울 선물을 우리 아이들에게도 전해줄 수 있을까. 나의 기억 속에서만 남지 않기를 바란다.

깊어지는 가뭄, 거세지는 산불

캐나다는 나무의 나라다. 전 세계에서 가장 많은 목재를 수출한다. 산림은 캐나다인에게 부의 주된 원천이며 광범위한 경제적·사회적 및 환경적 혜택을 제공한다. 비행기를 타고 상공에서 바라보는 캐나다 땅은 끝없는 산림의 연속이다. 토론토의 피어슨공항을 향할 때면 무한히 펼쳐진 나무의 향연 속에서 숨은 도시를 찾아가는 것만 같다. 나무를 심은 게 아니라 숲속 나무들 사이에 도시 건물 하나하나를 숨기듯 심은 듯한 느낌이다.

토론토를 떠올릴 때, 여느 큰 도시와 비슷한 콘크리트 정글을 생각할 수도 있지만 이곳에는 도시 구석구석 산책로와 자연 녹지 그리고 정원이 어울려 있다. 토론토에서 한두 시간 떨어진 근교에는 수풀이 우거진 국립·주립공원들이 많다. 실제로 도시를 설계

이 글은 2022년 4월 18일 자 기사(《주간경향》 1474호)를 바탕으로 작성되었으며, 당시 필자는 캐나다 토론토에 머물고 있어, 현지 상황과 보도를 직접 접할 수 있었다. 본문에 언급된 수치와 사건들은 모두 그 시점 기준이다.

캐나다 토론토 근교의 숲과 호수 | 정봉석

할 때 자연친화적으로 계획해 울창한 나무와 공존하는 도시를 만들어왔다. 토론토 시민에게도 자연과 숲이 없는 삶은 생각하기 어렵다. 이들은 우거진 나뭇가지와 무성한 나뭇잎이 어우러진, 인간의 손길이 닿지 않은 듯한 깨끗한 자연을 즐기고 사랑한다. 나 역시 시간이 날 때마다 주변 산책로나 공원들을 찾아다니며, 어쩌면 유럽인들이 이곳 북미에 처음 도착했을 때 느꼈을 자연의 태곳적 아름다움을 탐닉하곤 한다.

하지만 최근 북미의 산림이 기후변화로 신음하고 있다. 지구온난화로 뜨겁고 건조한 날씨에 산불이 빈번하게 발생하고 있기 때문이다. 특히 2021년 여름 브리티시컬럼비아주에선 무려 1,500건이 넘는 산불이 발생했다. 이로 인해 주지사는 비상사태를 선포하고 40번 이상의 대피 명령을 내렸다. 약 5,700명과 2,900개의 건물이 산불로 피해를 입었다. 여름철 산불이 자주 발생하던 지역이지만, 근래에는 산불의 크기가 남다르다. 멀리 있는 토론토까지 브리티시컬럼비아주에서 발생한 산불의 스모그가 뒤덮일 정도로 이번 산불의 크기는 어마어마했다.

2022년 3월에 경북 울진과 강원 삼척 등 동해안 일대에서 발생한 초대형 산불도 비슷한 유형이다. 2022년 동해안 산불은 2000년 동해안 지역에서 발생한 산불 이후 역대 두 번째로 피해 면적이 큰 것으로 조사됐다. 산불이 걷잡을 수 없이 번져가는 장면을 TV로 지켜본 나 역시 안타까움을 떨칠 수 없었다.

북미대륙의 가뭄과 산불

최근 노아(NOAA, 미국국립해양대기청)는 2022년 당시 미국 본토의 절반 이상에서 가뭄이 계속될 것이며, 이로 인해 물 공급이 제한되고 산불 위험이 증가할 것이라고 발표했다. 또한 2013년 이후 가장 큰 봄 가뭄이 될 것이며, 미 대륙의 약 60%가 가뭄을 겪을 것이라고 예상했다. 미 대륙의 봄 가뭄이 새삼스러운 건 아니지만, 계속되는 평균 이상의 기온과 평균 이하의 강우량으로 상태 악화를 우려한 것이다.

콜로라도강에 있는 거대한 두 개의 저수지 중 하나인 파월호가 2022년, 글렌캐니언댐이 만들어진 이래 최저 수위로 떨어졌다. 이는 댐에서 수력 발전을 중단하는 임곗값에 가까운 수위다. 가뭄이 일상적인 캘리포니아주에서도 가뭄 예측 지수가 D2(심각한 가

낮아진 수위의 글렌캐니언댐 | 픽사베이

뭄) 또는 D3(극단적인 심각) 단계로 들어갈 것이라는 암울한 예측이 나왔다. 특히 캘리포니아 센트럴밸리(Central Valley)는 최근 3년간 총 강우량이 1922년 기록 관리를 시작한 이래 가장 낮았다.

이 모든 것이 더 크고 빈번한 산불의 발생으로 이어진다. 미국에서는 매년 수천 개의 산불이 수백만 에이커(Acre)를 태운다. 화재는 이제 더 이상 새롭지도 않으며 전국 여러 곳에서 일상적인 연례행사로 여겨지기도 한다. 하지만 새로운 연구는 산불의 위협이 그간 피해를 보지 않던 지역으로 확대되고 있다고 경고한다.

1984년부터 2018년까지 발생한 화재 중 서부에서는 규모가 1,000에이커 이상, 동부에서는 500에이커 이상인 약 2만 8,000건을 다룬 연구가 2022년 〈사이언스 어드밴스(Science Advances)〉에 발표됐다. 연구에 따르면 20년 전에 비해 2005~2018년 산불이 서부주에서 2배, 대평원주에서 4배 더 자주 발생했다. 산불 빈도가 증가함에 따라 산불 피해 면적도 늘어났다. 2018년에는 20년 전에 비해 서부에서 2.5배, 동부에서는 1.8배 면적이 증가했다.

연구팀은 직접적인 산불 변화의 원인으로 가뭄을 꼽았지만, 가뭄을 일으킨 근본적인 원인은 인류에게 있다고 밝혔다. 인류가 초래한 지구온난화가 많은 지역을 건조하게 만든 것처럼 산불의 84%는 인류에 의해 발생한 인위적인 요인 때문이라고 발표했다. 연구결과는 앞으로 더 큰 화재가 우리 앞에 닥칠 것이라는 암울한 전망을 담고 있었다.

유엔 기후변화 보고서

유엔 산하 기후변화국제협의체(IPCC)가 발표한 2022년 보고서도 암울한 기후변화의 위험을 보여준다. 이 보고서는 기후변화의 위험이 너무 빠르게 증가하므로 온실가스 배출을 빠르게 줄이지 않으면 자연과 인류가 적응하는 능력이 곧 압도당할 수 있다고 경고했다. 이미 전 세계적으로 가시화된 위험으로, 2019년에는 폭풍, 홍수 및 기타 기상이변 때문에 아시아와 아프리카 전역에서 1,300만 명이 넘는 이재민이 발생했다. 상승하는 더위와 가뭄으로 농작물과 나무가 죽어가고 있다. 세계적으로 수백만 명이 기아와 영양실조의 위험에 처해 있으며 말라리아와 뎅기열과 같은 질병을 옮기는 모기가 새로운 지역으로 퍼지고 있다. 현재 세계 인구의 약 절반이 일 년 중 일정 기간 동안 심각한 물 부족 현상에 시

달리고 있다. 특히 보고서는 기존의 예상보다 훨씬 더 광범위하고 부정적인 기후변화 영향을 경고했다. 안토니우 구테흐스 유엔 사무총장은 이 보고서가 "실패한 기후 리더십에 대한 저주스러운 고발이자 인류가 겪는 고통의 지도"라고 말했다.

보고서에 따르면 지구온난화로 평균기온이 1.5도 올라가면 세계 농지의 약 8%가 식량 재배에 적합하지 않게 된다. 바닷속 산호초가 백화현상에 더 많이 직면해 그 수는 70~90%까지 감소한다. 심각한 해안 홍수에 노출된 인구수가 전 세계에서 20% 이상 증가한다. 평균기온이 2도까지 올라가면 남유럽 인구 3분의 1 이상을 포함해 전 세계적으로 8~30억 명이 가뭄으로 인한 만성적인 물 부족 현상에 직면한다. 많은 지역에서 작물 수확량과 어류 수확량이 감소한다. 기온이 3도 올라가면 극한 기상 현상의 위험이 세기 말까지 무려 5배 증가할 수 있다. 해수면 상승과 폭우로 인한 홍수는 전 세계적으로 지금보다 4배나 많은 경제적 피해를 불러온다. 육지에 있는 동식물종의 29%가 높은 멸종 위험에 직면할 수도 있다.

산업혁명 이후 증가한 온실가스 배출량으로 지구 온도는 이미 평균 1.1도 상승했다. 이에 당시 조 바이든 미국 대통령을 비롯한 많은 지도자가 지구온난화에 따른 기온 상승을 산업화 이전 수준과 비교해 1.5도 이하로 제한하겠다고 약속했다. 이는 과학자들이 기후위기에 치명적이라고 말하는 임곗값이다. '1.5도'라는 목표를 달성하려면 지구촌 국가들이 2050년까지 화석연료 배출을 완전히 멈춰야 하는데, 대부분은 최근 치솟는 유가와 인플레이션

문제로 목표 궤도에서 벗어나고 있다. 전문가들은 전 세계가 이번 세기에 2도에서 3도 정도 따뜻해질 것으로 예상한다.

기후위기는 우리 생각보다 훨씬 더 가까이 다가와 있다. 기후위기에 맞서 변화할지, 안 할지는 더 이상 인류의 선택사항이 아니다. 인류가 원하는 방식으로 능동적인 변화를 이끌지, 아니면 다가오는 기후위기에 보호장벽 없이 피해와 희생을 온몸으로 맞으며 변화에 수동적으로 끌려갈지의 문제가 남아 있을 뿐이다. 지금이 바로 선택의 시간이다.

로키산맥 빙하가 녹고
사막에 폭우가 내린다

 한국에 한반도의 등줄기를 남북으로 가로지르는 태백산맥이 있다면 북아메리카 서부에는 이와 비슷한, 캐나다의 브리티시컬럼비아주에서 미국의 뉴멕시코주까지 길이가 4,800km에 이르는 대산맥 로키산맥이 있다. 로키(Rocky)라는 이름이 말해주듯 기암의 산봉우리들로 이뤄진 산맥이다. 특히 캐나다 쪽의 로키산맥은 눈이 오랫동안 축적돼 만들어진 빙원, 그 빙원의 무게에 의해 천천히 움직이는 빙하, 빙하가 녹아내려 만들어진 화려한 색상의 호수 등으로 유네스코 세계 자연유산으로 등재돼 있다. 장엄하고 수려한 절경으로 매년 수백만 명의 방문객이 찾는다. 한국에도 잘 알려진 피아니스트 유키 구라모토의 피아노곡 〈레이크 루이스(Lake Louise)〉는 그가 방문한 로키산맥 루이스호의 아름다움에 감동해

이 글은 2022년 10월 3일 자 기사(〈주간경향〉 1496호)를 바탕으로 작성되었으며, 당시 필자는 캐나다 로키산맥과 루이스 호수를 방문 후 작성했다. 본문에 언급된 수치와 사건들은 모두 그 시점 기준이다.

캐나다 로키산맥의 루이스호 | 정봉석

작곡되었다. 이 곡은 그의 첫 번째 작품이고, 이후 그는 음악가의 길을 걷는다.

'서울 크기의 절반' 컬럼비아 대빙원

로키산맥 관광의 백미는 컬럼비아 아이스필드(Columbia Icefield)다. 캐나다의 웅장한 자연미를 보여주는 대규모 빙원지대인데, 면적이 325km²로 서울시의 절반을 조금 넘고, 100~365m 깊이를 가진, 로키산맥에서 가장 큰 빙원이다. 마지막 빙하기인 1만 년 전부터 매년 7m 정도의 눈이 내리고 얼고 다시 또 눈이 내

캐나다 로키산맥 컬럼비아 아이스필드에 위치한 애서베스카 빙하.
지구온난화의 대표적인 예로 꼽히는 곳으로 125년 전에는 빙하가 아래 도로까지
펼쳐졌었다. | 정봉석

려 얼기를 수없이 반복하면서 형성됐다. 일반 얼음과 다르게 이 빙원은 푸른색을 띤다. 이는 수천 년의 시간 동안 중력에 의해 단단하게 다져져 얼음 내 공기 방울이 작게 압축된 결과다. 푸른색의 빙하가 녹아 흘러내리는 물은 투명하다. 이 물이 모여 만들어진 루이스호와 페이토호(Peyto Lake)의 색깔은 에메랄드색이다. 형태와 양, 보는 각도에 따라 달라 보이는 물의 변신이 신비롭다.

컬럼비아 아이스필드에서 애서베스카 빙하(Athabasca Glacier)는 산악장비 없이 설상차를 이용해 빙원지대로 진입해 빙하를 관

광할 수 있는 유일한 곳이다. 수천 년 역사를 간직한 빙하수의 맛은 어떨까 궁금해 흐르는 물을 떠먹어보았다. 의외로—당연하겠지만—냉장고에서 꺼내 먹는 얼음물 맛과 다르지 않았다. 그곳의 안전요원에게 푸른 빙하 위에서 일하는 게 부럽다고 전했다. 그는 자연환경에 대한 캐나다인 특유의 자부심과 함께 걱정을 말했다. 빙하가 매년 지구온난화로 점점 녹아내려 해마다 몇 미터씩 뒤로 밀려나고 있다는 것이다. 실제로 애서베스카 빙하는 약 125년 동안 1.5km 이상 후퇴했으며 부피의 절반 이상이 사라졌다. 애서베스카 빙하의 과거와 현재 사진은 지구온난화의 뚜렷한 증거로 여러 논문과 기사에서 많이 인용되고 있다.

빙하가 녹아 없어지는 것은 단순히 아름다운 자연경관이 사라지는 것에 그치지 않는다. 중요한 식수원이 고갈되고, 주변 생물 다양성이 사라지며, 결국 인류의 생존에도 영향을 미친다. 컬럼비아 아이스필드는 태평양, 대서양 그리고 북극해로 이어지는 세 개의 큰 강(컬럼비아강·북사스카추완강·애서베스카-매켄지강)의 수원지다. 빙하로부터 내려오는 수원지의 식수가 줄어들면 강 주변 농산물 생산량에도 영향을 미친다. 또한 북극과 남극의 빙하가 녹으며 상승한 해수면은 인구가 밀집된 해변 도시에 바닷물 범람에 의한 피해 가능성을 높인다.

1.12도 더워진 지구의 '대홍수'

지구온난화에는 빙하를 녹이는 것보다 더 심각한 문제가 있다. 지구 대기가 따뜻해지면 대기에 존재하는 수분의 양이 증가한다. 노아는 2021년 기준 지구 평균온도가 1880~1920년 대비 1.12도 상승했다고 발표했는데 그에 따른 대기 수분 증가량은 7% 이상이었다. 이는 지구의 물 순환 사이클에 직접적인 영향을 미치며 기후변화를 야기한다. 증발하는 물의 양과 다시 비의 형태로 대지에 돌아오는 물의 양이 증가하면서 더 많은 강우량을 가진 폭우의 가능성이 높아졌다. 증발이 증가하며 대지는 더 건조해지고, 땅은 갈수록 단단해져 비가 왔을 때 더 많은 물을 흘려보내 폭우는 물론 대규모 홍수의 위험을 키운다.

2021년 8월 초 지구상에서 가장 덥고 건조하기로 유명한 미국 데스밸리 국립공원에 천 년에 한 번 등장하는—한 해에 발생할 확률이 0.1%에 해당하는—집중호우가 쏟아졌다. 연평균 강수량의 약 75%가 3시간 동안 집중적으로 쏟아지면서 건조한 사막협곡이 호수로 변하는 진기한 풍경을 보였다.

비슷한 시기에 대홍수가 켄터키, 미주리, 일리노이 3개 주를 휩쓸었다. 폭우는 가옥을 파괴하고 농작물을 휩쓸었다. 최소 39명이 사망했다. 이 집중호우는 과거 최대 강우량 기록을 깨며 지역사회를 파괴했다. 특히 켄터키주에서는 4일간 350~400mm의 강우량으로 최소 37명이 사망하는 등 인명 피해와 재산 피해가 컸다.

같은 시기에 서울과 경기 일부 지역은 500mm의 물 폭탄을 맞았다. 특히 서울시의 동작구는 최고 시간당 141.5mm의 강우량과 일일 강수량 381.5mm를 기록하며 기존의 공식 최고 일일 강수량을 뛰어넘었다. 배수시설 인프라가 폭우를 감당하지 못하고 침수 피해를 일으키는 도시 홍수 현상이 발생했다.

인류의 큰 도시들은 물의 접근이 용이한 강을 중심으로 성장해왔다. 강에 근접한 도시는 항상 재앙적인 홍수의 피해에 노출돼 있기에 물을 다스리는 치수는 과거부터 나라를 다스리는 치국의 근간이었다. 왜 미국과 한국을 포함한 전 세계 도시들이 홍수에 속절없이 당했을까?

첫 번째 이유는 홍수에 대비한 기존의 하천, 하수도 설계에 있다. 홍수에 대비한 하천제방과 하수도는 과거의 관측 강우량에 대비해 설계한다. 일반적으로 하천제방은 50년에서 100년, 하수도는 10년에서 30년 빈도의 강우량을 기준으로 한다. 이번 홍수는 그 설계기준을 훨씬 뛰어넘는 홍수였다.

두 번째 이유는 기존의 방지대책이 일반적으로 일일 '평균' 강수량에 근거한 데서 찾을 수 있다. 서울시 동작구의 예처럼 시간당 집중적으로 쏟아지는 폭우는 일일 강수량을 기준으로 한 배수 인프라에 부하량을 순간적으로 집중시킨다. 그 순간 배수로의 기능은 정지하고 맨홀에서 물이 역류하며 도시의 저지대가 침수된다.

가장 중요한 세 번째 이유는 지구온난화로 높아진 폭우와 홍수의 불확실성이다. 기존의 방지대책들은 '과거'의 관측치에 기반을 두는데, 기후변화로 불확실해진 미래의 강우량은 과거의 설계기준을 무너뜨린다. 100년 만의 폭우, 100년 만의 폭염, 100년 만의 혹한 같은 역대급 기록은 더 이상 극한 한계치를 나타내지 못한다. 기후가 변화된 미래에는 이러한 기록이 매년 발생하는 연례

행사가 될 것이다. 더 많은 수증기를 머금은 대기로 인해 국지성 집중폭우가 더 빈번해지고 더 강력해질 것이다. 결국 기존의 홍수 방지책들은 유명무실해지고 물은 도시를 침탈하며 도시 인프라를 붕괴시키고 인명손실을 만들어낼 것이다.

우리는 무엇을 할 것인가

기후변화의 위협이 커지면서 미국에서는 이에 대항하는 노력을 시작했다. 조 바이든 미 행정부가 추진했던 기후변화 대응 법안—인플레이션 감축 법안(Inflation Reduction Act)—이 2022년 8월 7일에 미국 상원을 통과했고, 8월 12일 하원에서도 최종 승인되었다. 이 법안은 기후 관련 투자 중 역대 최대 규모로, 2030년까지 온실가스를 40% 감축하기 위해 무려 3,690억 달러(약 480조 원)를 투자한다.

더 뜨거워지는 미래를 대비한 온실가스 감축에 각국 모든 정부의 노력이 필요하다. 동시에 지역사회, 가정 그리고 개개인이 나서서 지구 환경위기에 적극적으로 대응하고 이를 실천해야 한다. 기록적인 폭우와 폭염 등의 자연재해 피해와 희생이 더 이상 없기를 바란다. 자연과 환경을 아름답게 가꾸고 지켜 다음 세대에도 그대로 넘겨줄 수 있기를 바란다. 로키산맥 호수의 화려한 색 향연이 우리 아이들에게도 전해질까? 그랬으면 좋겠다.

뜨거운 것이 온다

20년 넘게 해외 생활을 한 나로서는 한국의 봄이 반갑다. 한국의 사시사철, 특히 뚜렷한 봄은 한국살이의 축복이다. 4월 말까지 겨울옷을 입는 캐나다 토론토에서는 봄이 너무나 짧다. 5월이 돼서야 봄 날씨를 조금씩 즐기다 6월의 여름으로 금세 넘어간다. 한국의 넉넉하고 온화한 봄 햇살은 언제나 찾아가고 싶은 고향의 향수였다.

2023년 3월, 진해 군항제에서 한국의 봄을 만났다. 오랜만에 찾은 한국의 벚꽃은 눈이 부셨다. 햇볕 따뜻한 봄날, 등에 가득한 햇살을 받으며 흩날리는 벚꽃잎 사이를 걸었다. 꽃 반, 사람 반으로 느껴질 만큼 관광객이 많았다. 코로나19로 4년 동안 닫혔던 벚꽃축제를 오랜만에 개최했기 때문이다. 모두 닫혔던 문을 열고 나와 자연이 만든 변화와 축제를 즐겼다. 지나가는 이들에게서 웃음

이 글은 2023년 6월 26일 자 기사(《주간경향》 1533호)를 바탕으로 작성되었으며, 당시 필자는 한국에 귀국 후 작성했다. 본문에 언급된 수치와 사건들은 모두 그 시점 기준이다.

진해 군항제에서 만난 벚꽃 | 정봉석

과 행복이 느껴졌다. 나 역시 그중 하나가 돼 따뜻한 봄 햇살 아래 향수라는 갈증을 날려버렸다.

그런데 뭔가 과거의 기억과 다르다. 벚꽃은 4월 초에 피지 않았던가? 3월에 시작하는 벚꽃축제도 빠르고 꽃샘추위가 기승을 부리는 3월 날씨 치고는 너무 따뜻했다. 참고로 2023년 한국 벚꽃 개화일은 평년보다 거의 2주가 빨랐다. 3월부터 때아닌 초여름 날씨가 시작된 것이다. 5월 중순도 더웠다. 전국 대부분 지역이 높은 최고기온을 기록하며 초여름 수준의 더운 날씨를 보였다. 기상청에 따르면 경북 지역을 중심으로 30도를 넘는 고온이 나타났다.

뜨거워진 지구촌

한국의 때 이른 초여름은 지구촌 전역에 닥친 폭염에 비하면 아무것도 아니다. 2023년 5월 13일, 미국 기상청은 미국 서북부 해안지역에 폭염주의보를 발령했다. 특히 오리건주 포틀랜드는 이날 오후 최고기온이 34.4도에 이르러 역대 최고기온을 기록했다. 미국 서북부의 이례적인 고온은 이미 산불로 고통받고 있는 캐나다 서부지역에 부채질을 가했다. 앨버타주에서는 수십 건의 산불이 동시다발로 발생했다. 당국은 비상사태를 선언하고 해당 지역에 주민 대피령을 내렸다.

스페인 남부지역은 4월 온도가 이미 40도에 육박하면서 40년 만의 최고 더위를 기록했다. 2023년 4월 26일 스페인 세비야의 기온은 40도까지 올라갔고, 27일 코르도바는 38.8도를 넘어 관측 이래 최고기온을 기록했다. 4월 말 스페인 거의 모든 지역의 최고기온이 평년보다 5~10도 높았다.

동남아시아 지역도 기록적인 고온 현상을 겪었다. 2023년 5월 13일 싱가포르는 최고기온 37도를 보였다. 1991년부터 2020년까지 4~5월 평균 기온이 28.4도였던 점을 고려하면 5월 폭염은 이상고온이다. 베트남은 무려 44.1도의 사상 최고기온을 기록했다. 태국은 45.4도를 기록, 역시 최고기온을 경신했다. 미얀마는 4월 말 43.8도를 기록하며 58년 만에 최고기온 기록을 넘어섰다. 무지막지한 '괴물 폭염'이 세계 곳곳을 덮치며 전례 없는 수준의 고온 현상이 발생했다.

다가오는 괴물 폭염

지구온난화로 인한 세계 각지의 이상기온 소식은 이제 낯설지 않지만 세계기상기구(WMO)가 보고한 내용은 놀랍고 무섭다. 최근 발생한 지구촌 괴물 폭염이 무색할 만큼 지난 3년간 지구는 라니냐로 인해 지구를 '차갑게' 하며, 지구 기온 상승에 제동을 걸었다고 한다. 더 높은 고온 현상이 발생할 수 있었는데, 라니냐의 차가운 해수가 더 끔찍한 괴물 폭염을 막고 있었다는 것이다.

라니냐는 적도를 따라 부는 강력한 무역풍으로 동태평양에 차가운 심층수가 표층으로 상승하는 현상을 말한다. 날씨와 관련해 단순화시키면 라니냐 현상이 발생하면 지구 평균온도가 0.2도 정도 떨어진다. 그 반대 현상인 엘니뇨도 있다. 엘니뇨는 무역풍이 약해져 동태평양에 따뜻한 해수가 지속되는 현상이다. 엘니뇨일 때는 지구 평균온도가 0.2도 정도 상승한다. 엘니뇨의 따뜻한 해수가 멀리 퍼지면서 공기가 고온 다습해지고 더 많은 열이 대기로 방출되기 때문이다. 역대 가장 더운 해로 기록된 2016년은 엘니뇨가 발생한 해였다.

무서운 소식은 이제 기온 상승을 막아주던 3년간의 라니냐 시기가 끝나고, 기온 상승을 부추기는 엘니뇨가 다가온다는 점이다. 컴퓨터 모델링 예측에 따르면 엘니뇨가 발생할 확률은 6월까지는 15%로 낮지만 이후 8월까지 55%로 상승한다. 이미 뜨거워진 지구에 엘니뇨가 발생하면서 또 다른 기온 급등을 촉진할 가능성이 높다. 인류가 이제껏 경험해보지 못한 폭염이 다가오고 있다.

세계기상기구는 또 다른 보도자료에서 2023년부터 2027년까지 연평균 지표면 부근의 지구 기온이 산업화 이전 수준보다 최소 1년 동안 1.5도 이상 상승할 확률이 66%에 달한다고 밝혔다. 이는 2015년 파리기후변화협약에서 설정한 1.5도 이내로 제한하는 목표가 5년 안에 일시적이지만 깨질 확률이 높다는 뜻이다. 페테리 탈라스 세계기상기구 사무총장은 이 예측치가 파리기후변화협약의 1.5도 제한을 영구적으로 넘는 것은 아니라고 의미를 축소하면서도 다가오는 엘니뇨에 의한 기온 상승 우려를 숨기지 않았다. 또 2023~2027년 사이 적어도 한 해, 그리고 5년 전체가 기록상 가장 따뜻한 해가 될 가능성이 98%라고 예측했다. 2023년 하반기에는, 엘니뇨의 영향으로 지구 곳곳에 폭염과 홍수, 가뭄의 발생을 예고했다.

탈라스 사무총장은 "앞으로 몇 달 안에 엘니뇨가 발생할 것으로 예상하며 이는 인간이 유발한 기후변화와 결합해 지구 온도를 미지의 영역으로 밀어 넣을 것"이라고 경고했다. 이는 인류의 건강, 식량안보, 물 관리 및 환경에 광범위한 영향을 미치기에 미리 대비할 것 또한 당부했다.

이미 폭염과 가뭄으로 이상기온을 겪은 지역의 식량 가격 상승세가 심상치 않다. 유엔 식량농업기구(FAO)가 집계하는 국제 식량 가격은 러시아와 우크라이나 전쟁, 이상고온 여파로 2022년 3월 역대 최고치를 찍은 뒤 가까스로 하락했다. 2023년 4월 기준 설탕 가격은 11년 6개월 만에 가장 높았으며, 쌀 가격은 전월 대비 2.5%, 전년 대비 17.8% 올랐다. 국제 올리브유 가격은 최대 생산 국가인 스페인의 가뭄 탓에 2023년 3월 기준 26년 만에 최고치를 기록했다. 한국에서 발표된 전기요금 추가 인상은 다가오는 엘니뇨와 함께 올여름 냉방비 폭탄을 터트릴 뇌관으로 거론된다. 다가오는 무더위가 물가를 더 들썩이게 만들고 있다.

멀리 있으리라 생각했던 1.5도의 한계점이 이제 눈앞에 다다랐다. 인류가 산업화와 경제 성장이라는 미명하에 숨겨놓았던 지구온난화와 기후위기라는 괴물이 인류를 향해 걸어오고 있다. 봄은 이제 얼마 남지 않았다.

거대해진 동장군과 온장군

2023년 12월 부산에 비가 많이 내렸다. 마치 여름 장마 같은 굵은 장대비가 며칠 동안 내렸다. 날씨도 온화했다. 봄처럼 따뜻한 바람이 날리면서 기온이 영상 20도를 넘었다. 비가 그친 후 나간 산책길에서 영산홍과 철쭉이 철도 모르고 피어, 지나가는 이들의 시선을 사로잡았다. 광주와 전남 곳곳과 충북 청주 등은 역대 12월 기온 중 가장 높은 기온을 기록했다. 11월 말부터 몰아친 추위로 입기 시작한 긴 겨울옷은 사라지고, 반소매 옷을 입은 사람들이 자주 눈에 띄었다. 봄이 아닌 봄날을 즐기면서 모두 어리둥절한 듯했다.

하지만 겨울비가 물러가면서 기온이 급변했다. 2023년 12월 22일 부산 최저 기온이 -7도 아래로 내려가고 체감기온은 -12도를 넘어섰다. 서울은 -15도, 춘천은 -18도 등으로 전국 대부분 지

이 글은 2024년 1월 15일 자 기사(〈주간경향〉 1561호)를 바탕으로 작성되었으며, 본문에 언급된 수치와 사건들은 모두 그 시점 기준이다.

2023년 12월 22일 얼어붙은 부산 다대포 바다 | 정봉석

역이 매서운 한파를 경험했다. 필자가 있는 다대포의 해변 주변은 얼어붙어 겨울왕국으로 변했다. 겨울에도 온화했던 부산 기후를 기억하는 나로서는 고향의 변신이 낯설었다.

한반도의 극한 날씨

2023년 12월 초 한국 기온은 영상 20도까지 치솟으며 가장 더운 12월 기록을 경신했다가 같은 12월에 영하 20도로 급락했다. 한국에서 짧은 기간에 기온이 40도씩 널뛰는 건 전례를 찾기 어렵다. 왜 이렇게 기온이 극변할까.

전통적으로 한반도의 겨울에는 시베리아 고기압 덩어리가 커졌다 작아졌다 하는 변화에 따라 '삼한사온' 현상이 발생한다. 비교적 추운 3일과 따뜻한 4일을 주기적으로 반복하며, 북쪽의 동장군과 남쪽의 온장군이 서로 싸우는 형태다. 문제는 이 두 장군의 세력이 강해지고 있다는 점이다. 남쪽은 더 더워지고, 겨울철 시베리아는 더 차갑게 식고 있다. 그리고 두 세력이 부딪히는 최전선에 한반도가 있는데, 양측 힘의 균형이 깨질 때마다 기록적인 고온과 저온이 나타난다.

먼저 온장군의 세력 확장은 예상된 바다. 온난화로 이미 뜨거워진 지구 온도에, 2023년부터 이어진 '엘니뇨' 현상까지 겹치면서 지구 곳곳에 폭염과 홍수, 가뭄이 예고됐다. 엘니뇨의 따뜻한 해수가 멀리 퍼지면서 공기가 고온다습해지고 더 많은 열이 대기로 방출되기 때문이다. 지난해 초 세계기상기구(WMO)는 "인간이 유발한 기후변화와 결합한 엘니뇨가 지구 온도를 미지의 영역으로 밀어 넣을 것"이라고 경고했다. 2023년 12월 초 한국에서 여름 장맛비 같은 굵은 장대비와 영상 20도가 넘어 꽃들이 개화하는 기현상을 보인 것도 온난화와 겹친 엘니뇨 때문이다.

동장군의 세력 확장은 조금 엉뚱하다. 언뜻 지구온난화와는 모순돼 보인다. 북위 30~35도 상공에는 제트기류라는 강한 바람이 있어 북극 찬 얼음 바람의 남하를 막는다. 팽이가 회전하는 것처럼 북극 성층권의 극소용돌이가 북극의 차가운 바람을 소용돌이 안으로 가둔다. 그러나 지구온난화로 북극 성층권 소용돌이가 약해지고 있다. 극소용돌이가 약해지면서 주변을 돌고 있는 제트기류가 물결 모양처럼 구불구불해져 남쪽으로 퍼진다. 북극이 따뜻해질수록 팽이의 회전력이 힘을 잃고, 팽이의 회전 궤적이 이리 저리 움직이고 흔들리면서 주변에 부딪히는 형상이다.

흔들리는 팽이가 이번에는 한반도 쪽으로 흔들리며 북극의 한기가 내려왔다. 특히 2023년 12월 21일과 22일 한파는 북극의 얼음 바람이 한반도로 곧장 내려온 경우이다. 2021년 2월 미국 텍사스에 몰아친 기록적인 겨울 폭풍 또한 늘어진 제트기류가 원인이었다. 평소 따뜻한 겨울에 적응하며 살아온 텍사스 사람들에게 갑자기 불어닥친 겨울 폭풍은 대규모의 정전사태와 246명 사망이라는 재앙을 불러왔다.

이렇듯 최근의 기후위기는 더 극대화되고 일상화되고 있다. 2023년 8월 하와이에서는 산불로 97명이 사망했는데, 이는 1918년 이후 미국에서 가장 큰 인명 피해가 난 산불로 기록됐다. 2023년 9월 리비아에서는 최악의 홍수가 발생해 약 4천 명이 사망했고, 1만 명 이상이 실종됐다. 우리나라도 예외는 아니다. 2022년에 이어 2023년 여름 장마 기간에도 극한 호우로 하천 제방이 붕괴해 인근 지하차도가 침수되고, 대규모 산사태가 발생하는 등 소중한 인명을 앗아가는 안타까운 일이 연이어 발생했다.

극한으로 치닫고 있는 기후위기의 원인은 지구온난화다. 최근 지구온난화와 관련한 관측과 보고서는 더 암울하다. 유럽연합의 기후변화 감시 기구인 코페르니쿠스 기후변화연구소(C3S)는 2023년 11월 17일과 18일 지구의 평균기온이 산업화 이전보다 2도 이상 올랐다고 발표했다. 이틀간의 일시적 현상이었지만, 기후변화에 따른 영향을 최소화하기 위해 인류가 마지노선으로 잡았던 2

도의 벽이 깨진 건 처음이다.

유엔환경계획(UNEP)도 2023년 배출량 격차 보고서에서 세계 온실가스 배출량이 늘어나면서 온난화가 인간이 통제할 수 없는 임계점을 넘어서고 있다고 발표했다. 보고서에는 현재 각국이 제시한 국가 온실가스 감축목표(NDC)를 모두 이행한다고 해도 세기말까지 지구의 온도가 2.9도나 오를 가능성이 66%나 된다는 추산이 담겼다. 기온 상승폭을 1.5도로 제한해야 한다는 2015년 파리기후협정의 핵심 목표와는 거리가 먼 결과다.

COP28, 화석연료 사용 공동행동 선언

이 암울한 상황을 해결하기 위해 전 세계 198개 나라와 기후·환경단체 대표 등 7만여 명이 고민을 안고 아랍에미리트(UAE) 두바이에서 열리는 '제28차 유엔기후변화협약 당사국총회(COP28)' 현장에 모였다. 당사국총회는 각국 정상을 포함한 대표단이 모여 기후변화 대응책을 협상하는, 유엔기후변화협약의 최고의사결정기구다. 2023년 11월 30일부터 12월 13일까지 두 주에 걸쳐 스물여덟 번째 당사국총회가 개최됐다.

COP28에서는 회원국들이 석유와 천연가스, 석탄 의존에서 벗어나기 위해 함께 움직이기로 합의했다. 국제사회가 명확한 문서로 '화석연료' 사용에 대해 공동행동을 선언한 건 1995년 독일 베를린 기후변화협약 첫 총회 이후 28년 만이다. 그러나 100개국 이상이 합의문에 담기를 요구한 '화석연료의 단계적 퇴출(Phase-out)'은 산유국 반대로 끝내 반영되지 못하고, '10년 안에 화석연료에서 멀어지는 전환(Transitioning Away)을 시작한다'는 표현에 머물렀다.

지구는 더 빨리 뜨거워지고, 기후위기는 더 극대화되고 있다. 이를 풀기 위한 인류의 발걸음은 아직 매우 더디다. 화석연료 사용을 줄이려는 이상과 화석연료를 계속 이용하고픈 관성과 현실이 서로 부딪히고 있어서다. 앞으로도 국가 간 이견과 갈등이 계속 이어질 것이다. 그렇더라도 화석연료 사용을 줄이려는 방향은 거스를 수 없다. 앞으로 심각해지는 기후위기 상황에서, 탄소 배출과 화석연료 사용을 줄이는 방향으로 변화하지 않으면 기후변화시대에 경쟁력을 잃고, 더 큰 비용을 치를 수 있다.

늦어질수록 한반도를 둘러싼 동장군과 온장군은 점점 더 거대한 고래가 돼간다. 두 고래 싸움에 긴 새우처럼 우리 삶은 점점 더 힘들어진다.

사라지는 가을, 흔들리는 사계절

내가 어릴 적 추석은 이른 새벽부터 분주했다. 가을 아침의 싸늘한 공기와 더불어 설레는 기운이 함께 감돌았다. 집 안 곳곳에선 음식을 준비하는 손길이 바쁘게 움직였다. 조상님께 차례를 지내고, 가족들은 차례 음식을 같이 먹었다. 오랜만에 만난 가족들과 허물없이 웃고 떠들다 보면 어느새 밤이 됐다. 온 가족이 함께 커다란 보름달을 바라보며 소원을 빌었다. 부모님의 건강과 행복 그리고 내 삶에서 이루고 싶은 꿈을 빌었다.

20년 넘은 해외 생활에서 추석은 낯선 문화, 그저 지나가는 또 다른 하루였다. 출근길의 바쁜 도시와 번화한 거리에서는 한국처럼 명절의 기운을 느낄 수 없다. 가끔 주위 한인, 중국인들에게 "오늘이 추석, 중추절"이라고 이야기하며 미소를 짓는 정도다. 그 짧은 순간에는 마음속 따뜻함이 느껴지지만, 나는 곧 다시 일

이 글은 2024년 10월 28일 자 기사(《주간경향》 1600호)를 바탕으로 작성되었으며, 본문에 언급된 수치와 사건들은 모두 그 시점 기준이다.

상으로 돌아갔다. 추석날 저녁에는 문을 열고 나와 하늘을 올려다
봤다. 먼 타국에서도 달은 여전히 둥글게 떠 있고, 그 빛은 어릴 적
한국에서 보았던 달과 다르지 않았다. 그 달빛을 바라보며 어릴
적 가족들과 함께 빌었던 소원을 떠올렸다. 짧은 순간이나마 추석
날 밤 달빛은 고향과 나를 이어주었다. 먼 타향에서도 추석은 그
저 지나갈 수 없는 그리운 날이었다.

추석 연휴, 극한 폭염과 폭우

　한국에 돌아와 경험한 추석은 과거의 기억과 좀 달랐다. 중추
절이라고도 불리는 추석은 말 그대로 가을의 중간이 아니었던가?
2024년 여름 내내 이어진 폭염이 추석 연휴까지 덮쳐 성묘하는데
땀을 뻘뻘 흘렸다. 연휴 내내 전국 곳곳에서는 9월 최고기온 기록
을 경신했다. 2024년 추석 당일(9월 17일)에는 낮 최고기온이 광주
광역시 35.7도, 전남 광양 35.4도, 순천 33.6도까지 올라 기상관측
이 시작된 이래 가장 높은 9월 기온을 기록했다. 전국 대부분 지역
에 역대 가장 늦은 폭염경보가 발효됐다. 참고로 폭염경보(주의보)
는 하루 최고 체감온도가 35도(33도) 이상인 상태가 2일 이상 지
속할 것으로 예상될 때 발령된다. 추석 연휴 마지막 날까지 폭염
주의보도 아닌 폭염경보가 발효됐다. 서울에 9월 폭염경보가 내려
진 것은 2024년 9월 10일이 사상 처음이었고, 같은 해 추석 당일
이 두 번째였다. 비교적 시원한 남쪽 부산에도 폭염경보가 발령됐
고, 열대야가 지속했다. 역대급 9월 폭염에 내가 사는 부산 다대포

2024년 9월, 추석 이후 쏟아진 폭우로 낙동강 하구 다대포 백사장에
흙탕물과 함께 수풀과 나뭇가지가 떠밀려 왔다. | 정봉석

해수욕장은 더위를 피해 찾은 늦깎이 '피서객'으로 성황을 이뤘다. 해변 주위로 캠핑 의자, 돗자리를 깔고 더위를 쫓는 가족 단위 피서객이 진을 쳤다.

추석 때까지 늦더위가 기승을 부리더니 이번엔 남부지방을 중심으로 폭우가 쏟아졌다. 경남 지역에는 9월 20~21일 이틀간 평균 278.6mm의 많은 비가 내리며 땅 꺼짐, 산사태, 낙석, 침수, 정전사고가 잇따랐다. 창원은 이 기간 529.1mm에 달하는 강수량을 기록했다. 이 정도 양의 비는 200년에 한 번 내리는 정도다. 인근 김해도 426.8mm의 많은 비가 내리며 큰 피해를 남겼다. 쏟아진 비는 인근 낙동강으로 모였다. 때아닌 9월 피서객이 떠난 다대포 해수욕장은 폭우와 함께 떠밀려 온 수풀과 나뭇가지, 흙탕물이 뒤

섞인 채 낙동강 하구로 몰리면서 또다시 홍역을 앓았다.

　추석 연휴 기간 극한기후로 몸살을 앓은 것은 한국만이 아니었다. 중국에서는 태풍 버빙카가 상하이를 강타했다. 버빙카는 70여 년간 상하이를 강타한 태풍 중 가장 강력했고, 1등급 허리케인에 해당할 강풍이 불었다. 중국 당국은 운전자 안전을 위해 인구 2,500만 명인 상하이 전역의 교통망을 폐쇄했다. 폴란드, 체코, 루마니아, 슬로바키아, 오스트리아, 헝가리, 독일 등에서는 폭풍 보리스가 폭우를 퍼부으며 광범위한 홍수를 일으켰다. 보리스는 중부 유럽에 큰 피해를 주었고, 최소 20명 이상이 사망했다.

　미국에서는 2024년 9월 16일 밤 대서양 연안 주민들을 놀라게 한 역사적인 폭풍우가 발생했다. 노스캐롤라이나와 사우스캐롤라이나 지역에 기록적인 강우와 시속 60마일(약 96.56km)의 열대성 강풍이 발생했는데, 미국 국립기상청(NWS)의 측정 결과 열두 시간 동안 강우량은 최대 18인치(약 457.2mm)였고, 이는 천 년에 한 번 나올까 말까 한 기록이었다. 이어서 2024년 9월 말 허리케인 헬린이 미국 동남부를 휩쓸며 200명 넘는 사망자를 냈다. 여러 주에 정전 피해가 발생했고 도로와 인터넷이 끊겼다. 테네시주에서는 홍수로 인한 댐 붕괴 위험 때문에 근처 주민들에게 대피령이 내려졌다. 브라이언 켐프 조지아 주지사는 피해 상황에 관해 "마치 폭탄이 터진 깃 같다"고 말했다. 조 바이든 미국 대통령은 5개 주가 요청한 비상사태 선포를 승인했다.

바뀌는 사계절 길이

한국 기상청은 여름이 길어진 현실을 반영해 한반도의 '계절별 구간'을 조절한다고 밝혔다. 지금까지 우리나라 계절은 봄(3~5월), 여름(6~8월), 가을(9~11월), 겨울(12~2월) 등 3개월 단위로 구분됐다. 기상학적으로 여름의 시작은 9일 동안 일 평균기온이 20도 이상 올라간 후 다시 떨어지지 않을 때, 그 첫 번째 날로 정의한다. 같은 방식으로 봄은 일 평균기온 5도 이상일 때이고, 가을은 20도 미만, 겨울은 5도 미만이 기준이다. 기상청이 과거(1912~1940년)와 최근 10년(2011~2020년)의 여름 일수를 비교해 보니 여름 평균 일수는 과거 98일에서 최근에는 127일로 늘었다. 이런 변화를 고려해 기존 계절별 구분을 현실적으로 맞추려는 것이다. 계절 구분 변화는 우리나라 근대 기상관측이 시작된 이후 117년 만에 처음이다. 현재로서는 여름을 1개월가량 늘리고 가을은 1주, 겨울은 최소 2~3주 줄이는 방안 등으로 논의 중이다.

지구온난화로 인한 극한기후, 맞지 않는 24절기와 사계절, 해수면 상승 그리고 생태계의 변화는 인류의 생활 방식을 변화시킨다. 한국의 전통적 수산물인 명태는 자취를 감췄다. 강원도 고성은 수입된 러시아 명태로 '명태 없는 명태 축제'를 이어간다. 아내가 며칠 전 만든 김밥에는 시금치가 없었다. 손바닥만 한 시금치 한 단이 만 원에 가까워 감히 살 수 없었다고 했다. 시금치가 없어도 김밥이 맛있다고 한 것은 나의 어설픈 거짓말이었다.

기후변화의 영향이 일상 속에 뿌리내리고 있다. 앞으로도 우리가 알고 있던 자연과 전통, 기억은 점점 더 사라질 것이다. 오늘

느끼는 가을바람의 선선함이 다음 세대에도 전해질까? 이 가을바람이 내 기억에만 갇혀버리지 않기를 소망한다.

이튼캐니언에서 타오르는 기후위기 불길

　미국 캘리포니아주 로스앤젤레스 북동쪽에 자리 잡은 패서디나(Pasadena)는 매력적인 도시 중 하나다. 웅장한 산맥으로 둘러싸인 도시는 아름다운 자연과 조화를 이뤄 독특한 풍경을 선사한다. 명문 공과대학인 캘리포니아 공과대학과 세계적인 천문연구기관인 카네기천문대를 품고 있는 과학과 지성의 도시이자, 매년 새해를 맞아 열리는 로즈 퍼레이드(Rose Parade)와 로즈 볼(Rose Bowl)로도 잘 알려져 있다.

　내가 패서디나에 거주했을 당시 느꼈던 그곳의 진정한 매력은 도시를 둘러싼 자연에 있었다. 패서디나는 앤젤레스 국유림(Angeles National Forest)의 초입에 있어 다양한 하이킹 코스와 야외 활동을 즐길 수 있는데, 그중에서도 이튼캐니언(Eaton Canyon)은

이 글은 2025년 2월 9일 자 기사(《주간경향》 1614호)를 바탕으로 작성되었으며, 미국 캘리포니아주 로스앤젤레스에 발생한 산불을 배경으로 작성했다. 본문에 언급된 수치와 사건들은 모두 그 시점 기준이다.

이튼캐니언 산책로에 핀 야생화 | 정봉석

지역 주민과 방문객들에게 가장 사랑받는 곳이다. 패서디나에서 차로 15분 정도 이동하면 만날 수 있는 이튼캐니언은 완벽한 도피처다. 도심의 번잡함에서 벗어나 태양 아래 펼쳐진 푸른 초목과 새소리가 어우러지는 이곳은 마치 또 다른 세계에 온 듯한 기분을 선사한다. 도시에 살면서도 자연과 깊이 연결될 수 있는 이 특별한 환경은 패서디나를 더욱 빛나게 하는 요소다.

주말 아침을 기다려 이튼캐니언으로 향하는 길은 항상 설레었다. 서늘한 새벽 공기 속에 산책로로 들어서면, 숲은 고요하면서도 생동감이 넘쳤다. 나뭇가지 사이로 부드럽게 스며드는 햇빛, 멀리서 들려오는 새들의 노랫소리, 사이사이 수줍게 핀 야생화, 그리고 계곡 깊숙이 들어갈수록 점점 커지는 물소리는 하나로 어우러져 자연의 하모니를 만들어냈다. 산책로의 마지막에 이르면 12m 높이의 이튼캐니언 폭포가 절벽 위에서 물을 쏟아내며, 하얗게 부서지는 물방울을 사방으로 흩뿌린다. 폭포 물줄기의 시원한 냉기를 깊이 들이쉬며 도시에서 쌓인 피로를 녹였다.

미국 LA 산불, 역사적 피해

미국 현지 시간 2025년 1월 7일부터 이튼캐니언을 포함한 로스앤젤레스 광역권에서 산불이 동시다발적으로 발생했다. 남부 해안의 퍼시픽 팰리세이즈에서 시작된 '팰리세이즈 산불'을 필두로 '이튼 산불', '허스트 산불', '케네스 산불'까지 총 네 건의 대규모 산불이 일어났다. 특히 이튼캐니언의 산불은 주택 밀집 지역인 패서디나로 번지며 심각한 피해를 초래했다. 2025년 2월 초까지 피해 면적은 156km^{2}로, 서울시 면적의 약 4분의 1을 넘는다.

2025년 1월 17일 기준, 이번 산불로 인한 사망자 수는 27명에 이르렀으며, 피해 규모는 계속해서 증가하고 있다. LA 당국은 수천 명의 소방인력을 투입해 화재 진압에 총력을 기울이고 있지만, 팰리세이즈 산불과 이튼 산불의 진압률은 10%대에 머물러 있다. 바람이 잦아들었다가 다시 거세지는 악조건 속에서 겨울 가뭄으로 진화에 사용할 물조차 부족했다.

산불이 미치는 여파는 환경과 일상으로까지 확산하고 있다. 이튼 화재로 펌프장과 저수지가 피해를 보면서 패서디나 북부 대부분 지역에는 식수 사용 제한 명령이 내려졌다. LA 수도 전력국은 "화재 관련 오염물질이 상수도에 유입됐을 가능성이 있다"며, 음용뿐 아니라 손 씻기나 목욕에서도 수돗물 사용을 금지했다. 대기오염 역시 심각한 수준이다. LA 카운티 공중보건국은 산불 연기의 영향을 받는 지역 주민들에게 외출을 자제하고 공기청정기를 사용하며, 외출 시에는 N95 마스크를 착용하라고 권고했다.

경제적 손실은 역대 최대 규모로 예상된다. 펠리세이즈 산불로 1,000채 이상의 건물이 파괴된 데 이어, 이튼 화재로 7,000채 이상의 구조물이 소실됐다. 대형 금융사 웰스파고는 이번 산불의 경제적 피해액을 600억 달러(약 88조 4,000억 원) 이상으로 추산했다. 이는 역대 최대였던 2018년 캘리포니아 북부 산불 피해액(125억 달러)의 5배에 달하는 규모다.

이번 산불이 걷잡을 수 없이 커진 원인 중 하나는 국지풍인 '샌타애나 바람'이다. 이 바람은 시에라네바다산맥에서 캘리포니아 해안으로 부는데 뜨겁고 건조하다. 최대 풍속이 시속 160km에 이르고 방향을 예측하기 어려워 '악마의 바람'이라고도 불린다. 실화, 방화, 자연발화 등 어떤 원인으로든 일단 산불이 발생하면 이 바람이 불길을 삽시간에 번지게 한다. 이에 더해 도심 주거지역의 피해가 컸던 이유 중 하나는 소화전 약 20%가 흡입 수압을 잃었기 때문이다. 소화전은 상수도 급수관에 연결돼 도심 화재 진압에서 핵심적인 역할을 하지만, 막상 필요한 시기에 제 기능을 하지 못했다. 캘리포니아의 개빈 뉴섬 주지사는 소화전 수압 저하의 원인에 대한 독립적인 조사를 요청했다.

기후변화와 산불

산불 자체는 캘리포니아에서 새로운 재난이 아니다. 기후가 건조하고 바람이 강한 지역적 특성 때문에 크고 작은 화재는 늘 있었다. 그러나 최근 10여 년 사이, 산불 발생 빈도와 피해 규모가 급격히 증가하고 있다. 과거와 차원이 다른 이 변화 뒤에는 기후변화의 영향이 숨어 있다.

세계기상기구(WMO)는 2024년이 관측 사상 가장 더운 해였으며, 지구 평균기온이 산업화 이전 대비 1.6도 상승했다고 밝혔다. 이는 파리협정의 목표였던 '1.5도 상승 억제선'이 무너졌음을 의미한다. 기온 상승은 지구를 더욱 건조하게 만든다. 기온이 1~2도 오르는 것만으로도 토양 수분이 급격히 줄어든다. 강우 양상 역시 불규칙해져, 미국 서부에서는 예전처럼 겨울마다 고른 양의 비가 내리지 않는다. 겨울철 고른 강우 대신 극단적 폭우와 긴 가뭄이 반복되면서 초목이 말라가는 캘리포니아는 '화약고'가 되고 있다. 특히 LA는 2024년 여름 기록적 폭염 이후 지속된 가뭄으로 나무도 땅도 마른 상태였다. 여기에 샌타애나 바람이 자주 불면서 산불의 규모와 파괴력을 더욱 키웠다.

산불은 기후변화의 결과이자 동시에 기후변화를 가속한다. 산불로 타버린 나무와 초목은 대기 중에 막대한 양의 탄소를 방출한다. 동시에 탄소 흡수원이 사라져 온실가스 농도가 상승하고, 이는 다시 지구온난화를 촉진한다. 이러한 악순환은 매년 전 세계적으로 대형 산불의 위험도를 높이고 있다. 2023년 캐나다에서 발생한 산불은 약 6.5억t의 탄소를 배출했는데, 이는 한국의 연간 배출량(약 6.2억t)보다 많다.

도시와 자연 풍경을 화마가 삼키는 모습이 오늘도 화면에 비친다. 참혹하게 전소된 집 앞에서 울고 있는 주민들의 모습은 가슴을 아프게 한다. 기후위기는 우리 옆에 있고, 나와 이웃들에게 그 피해를 남긴다. 기후위기의 불길이 우리의 삶을 위협한다.

2부

자연과 생태의 경고

숲, 바다, 그리고 생명

기후위기는 인간의 삶을 넘어 숲과 바다, 그리고 수많은 생명체들의 터전을 무너뜨린다. 사라지는 계절, 마르는 강과 지하수, 서식지를 잃은 동물들 속에서 우리는 생태계 균형이 무너지는 현실을 마주한다. 이 부는 자연이 전하는 침묵의 비명을 기록한다.

사라지는 것들

캐나다 토론토에 봄기운이 완연하다. 길고 길었던 캐나다 동장군의 위용은 봄비와 함께 녹아내렸고, 멀게만 느껴졌던 봄기운이 어느새 이곳에도 스며들었다. 흰 눈에 숨어 있던 회색의 잔디와 나무가 조금씩 무채색의 겉옷을 떨쳐내고 푸른색의 속살을 보이기 시작한다. 곳곳에 꽃망울이 맺히고 터지면서 민들레, 목련, 매화, 벚꽃 등이 화려한 유채색의 축제를 시작한다. 굳이 주변 산책로나 공원을 찾지 않더라도 동네 주택가의 정원에서 가지각색의 꽃들이 자신의 예쁨을 경쟁하며 지나가는 이들의 시선을 사로잡는다. 겨울철 숨어 지내던 토론토 시민들은 바깥으로 나와 자연이 만든 변화와 축제를 즐긴다. 나도 그중 하나가 돼 따뜻한 봄 햇살에 겨울 동안 얼어 있던 마음을 녹인다.

이 글은 2022년 6월 13일 자 기사(《주간경향》 1481호)를 바탕으로 작성되었으며, 당시 필자는 캐나다 토론토에 머물고 있었고, 본문에 언급된 수치와 사건들은 모누 그 시점 기준이다.

연꽃과 꿀벌 | 정봉석

　화려한 꽃들의 향연에 항상 등장하던 손님이 빠져 있다. 봄이면 어김없이 꽃들에 날아들던 꿀벌들이 보이지 않는다. 나도 이 축제를 즐기는 손님이라고 윙윙대는 소리로 존재감을 나타내던 녀석들이 보이지 않는다. 성가시면서도 반가웠던—보이지 않으니 봄이라는 퍼즐에 한 조각이 빠진 것처럼 허전한—꿀벌이다. 돌이켜보면 몇 해 전부터 주변에서 꿀벌을 찾아보기 어려웠다.

사라지는 꿀벌

캐나다 양봉업체는 꿀벌의 대량 감소로 인해 2022년 캐나다에서 벌꿀 및 양봉 산업의 손실액이 10억 달러를 넘어설 것이라고 밝혔다. 2020년에 캐나다 꿀 및 꿀벌 산업의 총 추정 기여도는 40억에서 55억 달러 사이였다. 온타리오 양봉업 협회는 온타리오주 전역의 양봉가들이 최대 90%의 꿀벌 수 감소를 경험했다고 보고했다. 온타리오주 나이아가라 지역의 한 양봉가는 50년 동안 경험한 것 중 2022년이 최악이라고 어려움을 호소했다.

봄이 시작되면 꽃을 따라 수 킬로미터를 날아다니는 꿀벌의 수고로 만들어진 꿀은 가공이 필요 없는 완전식품으로, 단맛을 내면서도 건강한 식재료로 인정받는 천연 감미료다. 미네랄, 칼슘 및 항산화제 등이 풍부한 꿀은 과거부터 지금까지 귀한 식재료일 뿐만 아니라 웰니스(wellness)에 대한 높은 관심과 시대적 요구를 충족시키며 의학적으로 인정받는 약재이기도 하다.

사라지는 꿀벌은 단지 줄어드는 꿀의 생산량과 양봉 산업에만 영향을 주는 것이 아니다. 꽃가루 매개자로서 꿀벌은 지구 생태계를 유지하고 인류의 생존을 결정짓는다. 꽃은 꿀벌에게 꿀이라는 먹이를 주는 식량원이고 꿀벌은 꽃에 꽃가루를 전달하는 수분 매개자로 두 종은 공생하고 연속된다. 나비나 파리 같은 다른 곤충도 꽃가루를 전달하지만, 꿀벌의 수분 기여율은 다른 곤충에 비해 절대적으로 크다.

유엔 식량농업기구(FAO)에 따르면 사과, 배, 딸기, 고추, 아몬드와 같은 전 세계 식량의 90%를 차지하는 100대 작물의 약 70%가 꿀벌을 통해 수분이 되고 열매를 맺어 번식한다. 만약 꿀벌이 사라지면 농산물 생산량이 크게 감소해 식량 대란으로 이어질 것이다. 이는 인류의 생존까지도 위협하는 결과를 초래할 수 있다. 또한 꿀벌의 수분이 필요한 식물이 사라진다면 초식동물의 생존이 위협받고 이후 육식동물을 포함하는 먹이사슬까지 붕괴해 지구 생태계에 연쇄적으로 영향을 미치게 된다. 꿀벌의 생존은 인류의 생존과 이어진다.

꿀벌이 사라지는 이유는 여러가지다. 배로아(Varroa)로 알려진 기생충은 꿀벌의 지방과 체액을 흡수하며 죽게 만드는, 꿀벌 개체 수 감소의 주요 원인 중 하나다. 급격한 산업화와 도시화로 야생화가 풍부했던 초원이 사라지며, 꿀벌들의 자연 서식지가 감소했다. 인류의 집약적인 농업 관행과 단일재배는 꿀벌을 편식시켜 영향 결핍과 면역력 저하를 초래하고 주변 환경 변화에 취약하게 만들었다. 농장의 과도한 살균제와 살충제의 오남용도 꿀벌을 죽음에 이르게 했다.

과학 전문지 〈사이언스〉에 게재된 캐나다 오타와대학의 연구는 꿀벌 감소의 주원인이 지구온난화라고 밝혔다. 오타와대학은 북미와 유럽 전역 66종의 벌을 115년(1900~2015)에 걸쳐 수집했다. 1900년대 초·중반과 비교해 2000~2014년 벌의 수가 북미에서 평균 46% 줄었고, 유럽에서는 17% 줄었는데, 이는 꿀벌 감소와 기온 상승의 상관관계를 증명했다. 꿀벌은 온도 변화에 민감한 변온동물이라 지구온난화로 인한 급격한 기온변화에 적응하지 못했다. 겨울 중 갑자기 따뜻해진 온도를 봄으로 착각한 꿀벌이 상당수 죽었다. 이른 시기에 개화한 꽃은 꿀 수확 시기를 단축해 꿀벌의 먹이가 줄었다. 지구온난화로 따뜻해진 겨울은 배로아의 생존율을 높여 봄철 활동을 시작한 꿀벌을 괴롭혔다. 또한 지구온난화로 인한 지구의 물 순환 사이클 변화는 기록적인 폭우와 홍수를 발생시켜 꿀벌을 죽음에 이르게 했다.

위기의 지구 생태계

사실, 생존 위협을 느끼는 것은 벌만이 아니다. 관련 연구에 따르면 양서류는 40%, 포유류는 25%, 파충류는 21%, 조류는 13%가 멸종위기에 당면한 것으로 파악된다. 무분별한 벌목, 농장 개발, 도시화 그리고 외래 침입종 등 기존 생태계의 균형을 깨는 직접적인 원인도 있지만 이보다 더 위협적인 원인은 지금 한창 일어나고 있는 지구온난화다. 지구의 평균 기온이 섭씨 3도 상승하면 알려진 육지 동식물종의 29%가 멸종한다는 암울한 전망이 나와 있다.

비교적 안전지대에 있는 것으로 여겨졌던 해양생태계 역시 기후변화의 위기에서 벗어나 있지 않다. 바다는 이산화탄소를 흡수하고 열을 가둬 기후변화에 대한 안전장치 기능을 해왔지만, 여기에는 해수 온도를 높이고 용존산소량을 낮추는 희생이 따랐다. 또한 해수에 이산화탄소가 용해돼 점차 해양 산성화를 일으켰다. 그동안 쌓인 희생은 한계점에 다다라 해양 생태계를 변화시켜 물고기를 위협하고 산호초를 줄어들게 했다. 2022년 〈사이언스〉에 발표된 논문은 2100년까지 지구온난화의 진전으로 지구 평균 온도가 섭씨 4도까지 상승할 경우 약 2억 5000만 년 전 페름기에 발생한 대량 멸종처럼 해양 종의 대절멸이 우려된다고 발표했다. 이를 막을 유일한 방법은 지구온난화를 섭씨 1.5도에서 2도 사이로 제한하는 것밖에 없다.

모든 생물은 살아가기 위해 다른 식물이나 동물이 필요하다. 물과 공기, 토양이 오염되지 않고 자연 생태계가 균형을 이루고 있어야 모든 생명체가 함께 조화롭게 살 수 있다. 기후변화에 따른 홍수, 가뭄, 질병 등으로 먹이사슬이 무너져 한 생물종이 멸종하면 먹이사슬에 연결된 다른 생물종도 영향을 받아 생태계의 균형이 깨진다. 먹이사슬에 연결돼 있는 인류도 그 영향에서 벗어날 수 없다.

인류는 과학기술문명이라는 미명하에 산업화와 경제적 성장 그리고 물질적 풍요를 이뤘지만 동시에 자연파괴, 자원고갈, 환경오염, 지구온난화의 위기도 만들었다. 인류의 기술문명은 꿀벌을 사라지게 하고 주변 동식물들을 위협하며 역설적으로 인류의 생존 또한 위협하고 있다. 자신의 꼬리를 뜯어 먹다 천천히 죽어간 그리스 신화의 괴물 우로보로스는 우리의 자화상인가? 아직 우리에겐 선택의 기회가 있다. 인류의 운명은 우리의 지혜로운 선택에 따라 얼마든지 달라질 수 있다.

캐나다에 분 거친 바람

　캐나다에는 영국 빅토리아 여왕의 탄생을 기념하는 공휴일이 있다. 1837년 즉위 후 64년간 영국 여왕으로 재임했던 빅토리아 여왕은 캐나다의 직접적인 통치자였고 당시 생긴 빅토리아 공휴일이 150년 넘게 이어져 오고 있다. 물론 현재 캐나다는 독립국이지만 과거 영국 통치의 흔적이 많이 남아 있는 영연방국가 중 하나다. 2022년 당시 영국의 엘리자베스 2세 여왕—현재, 찰스 3세 국왕—은 캐나다의 공식적인 수장이었다. 캐나다의 실질적인 지도자는 의회 의원 총선에서 뽑힌 총리로, 입헌군주제와 의원내각제를 통해 국가를 운영한다. 여왕이 영국 버킹엄과 윈저에 거처하는 관계로 여왕을 대변할 총독을 임명해 캐나다로 보낸다. 이뤄지지는 않았지만 2020년 해리 왕자가 캐나다 총독으로 임명될지가

이 글은 2022년 7월 18일 자 기사(《주간경향》 1486호)를 바탕으로 작성되었으며, 당시 필자가 캐나다 토론토에 머물며 겪었던 폭풍우를 배경으로 작성했다. 본문에 언급된 수치와 사건들은 모두 그 시점 기준이디.

2022년 5월 21일 캐나다 토론토를 덮친 강풍으로 나무가 쓰러졌다. | 정봉석

지역 언론의 주목을 받았다. 물론 상징적인 존재이고 실권이 없는 총독이지만 이는 캐나다와 영국의 관계를 잘 보여주는 역사의 잔재다.

빅토리아 공휴일은 여왕의 탄생일 직전의 월요일로 지정돼 있다. 이날을 전후해 캐나다인들은 긴 연휴를 즐긴다. 2022년 연휴의 시작이었던 5월 21일 토요일은 날씨도 맑고 좋아 많은 사람이 주변 공원을 찾아 5월의 자연을 즐겼다. 나도 주말의 여유를 즐기며 산책을 나간 참이었다. 그러던 중 갑자기 주변 모든 휴대전화에서 경고문자가 울렸다. 평소 경고문자를 잘 보내지 않는 이곳에서—코로나19가 한창 유행할 때도 보내지 않았다—다가오는 날씨 변화를 경고하는 긴급 재난 예보 문자를 보낸 것이다. 허리케인이나 태풍 같은 재난이 거의 없는 토론토이기에 의외의 경보였다. 주변 날씨는 여전히 맑고 화창했다. 단지 남서쪽 멀리서 성벽처럼 보이는 검은 먹구름이 다가오고 있었다. 심상찮은 분위기에 서둘러 집으로 돌아왔다. 곧 폭우와 번개를 동반한 강풍이 휘몰아쳤다. 성인 주먹만 한 우박이 쏟아져 내렸다. 평소와 다른 강풍의 위력에 아파트 창문의 흔들림과 압력 차이를 실감했다. 전기도 끊기고, 토요일 오후 내내 암흑 속 집에서 고립됐다.

폭풍우 데레초

캐나다 환경부는 폭풍우가 발생했을 때 온타리오와 퀘벡 지역에 휴대전화와 텔레비전, 라디오를 통해 비상경보를 발령한다. 폭풍우와 관련한 경보는 이번이 처음이었다. 기상학자들은 이 사건을 역사적인 데레초(Derecho)라고 지칭하며 가장 강력한 폭풍우 중 하나로 설명했다. 이름도 생소한 데레초는 직선 폭풍, 즉 지면을 휩쓰는 바람의 벽을 뜻한다. 토네이도가 회오리바람을 뜻한다면 데레초는 성벽처럼 직선의 전선을 이루는 바람으로, 국지적으로는 태풍이나 허리케인과 맞먹는 위력을 가진다. 특히 이번 데레초는 많은 인구가 모여 있는 퀘벡시·윈저 회랑—북동부의 퀘벡시와 남서부의 온타리오주 윈저 사이 1,150km에 걸쳐 펼쳐져 있는 캐나다에서 가장 인구 밀도가 높은 지역으로, 캐나다 인구의 약 절반인 1,800만 명 넘는 인구가 거주하고 있으며, 캐나다의 4대

대도시 중 세 곳(토론토·몬트리올·오타와)을 포함한다—에 영향을
미쳐 피해를 키웠다.

이번 강풍은 2022년 5월 21일 낮에 약 한 시간가량 지속됐다.
풍속은 키치너에서 최대 시속 약 132km, 토론토 피어슨공항에서
는 시속 120km에 달했다. 피해 지역의 가옥들이 뒤틀리거나 전봇
대가 넘어져 전선이 늘어지고, 뿌리째 뽑힌 나무와 파손된 건물
잔해가 도로를 막아 차량 통행이 마비됐다. 온타리오와 퀘벡에서
10명 이상이 사망했다는 보고도 있었다. 대다수는 갑작스러운 바
람에 쓰러진 나무에 깔려 희생됐다.

폭풍우 당시, 온타리오 전역에서 전신주 800개가 파손돼 전력
망에 타격을 입혔다. 특히 187개의 전신주가 손상된 오타와에 재
난 피해가 집중됐다. 이는 1998년의 눈폭풍으로 인한 기록적인 재
난 피해 규모보다 더 컸다. 온타리오에서는 15만여 명이, 퀘벡에서
는 약 14만 명이 전기를 사용하지 못했다. 정전으로 휴교도 잇따
랐다. 전력 부족을 겪고 있는 오타와-칼튼 교육청은 안전을 이유
로 2022년 5월 24일 모든 학교와 보육센터를 폐쇄했다. 광역토론
토에서도 이날 더럼 지역의 8개 학교와 토론토의 1개 학교가 정전
으로 휴교했다.

거세지는 바람

노아(NOAA·미국 국립해양대기청)는 2022년 대서양의 허리케
인 시즌이 평균 이상일 것으로 예상했다. 그렇게 되면 2016년부터

2022년까지 7년 연속으로 정상 시즌을 뛰어넘는다. 노아의 과학자들은 이번 시즌의 허리케인이 평균 이상일 확률을 65%로 예상했다.

6월 1일부터 11월 30일까지 진행된 2022년 시즌에는 최대 시속 63km 이상의 열대성 폭풍이 14~21개 발생할 것으로 예측했다. 그중 6~10개는 최대 시속 119km 이상의 허리케인급에 도달할 것으로 예상했다. 또 이 가운데 3~6개는 3등급 이상인 최대 시속 179km 이상의 중대 허리케인일 것이라 경고하면서 이에 따른 대비를 요청했다.

첫 시작은 미국 플로리다였다. 2022년 6월 4일 첫 번째 폭풍우 알렉스가 발생했다. 시속 97km의 바람을 지닌 2등급 허리케인은 플로리다 남부 전역에 홍수를 일으켰다. 마이애미에 있는 미국 국립기상청(National Weather Service)에 따르면 남부 플로리다의 일부 지역에는 305mm 이상의 비를 내렸다. 토요일 수백 편의 항공편이 취소되거나 지연되며 남부 플로리다 지역의 교통이 마비됐다.

평상의 허리케인 시즌과 다른 극단적인 날씨는 기후온난화와 관련이 깊다. 지구온난화에 따라 대기에 존재하는 수분의 양이 증가하면서 지구의 물 순환 사이클에 직접적인 영향을 미친다. 증발하는 물의 양과 다시 비의 형태로 대지에 돌아오는 물의 양이 증가하면서, 더 많은 강우량을 가진 폭우의 가능성이 높아진다. 증발 증가로 대지가 건조해지면 토양이 단단해지고, 그 결과 강우 시 물이 스며들지 못해 폭우와 함께 대규모 홍수 위험이 커진다.

노아의 과학자들은 이미 2020년 미국 국립과학원 회보 (Proceedings of the National Academy of Sciences)에서 기후변화가 허리케인을 더 강하게 만든다고 밝혔다. 과학자들은 1979~2017년 열대성 폭풍의 위성 이미지를 분석하면서 유의미한 강도의 증가를 확인했고, 이는 지구온난화 컴퓨터 시뮬레이션의 예상과 일치한다고 밝혔다. 이 결과에 따르면 3등급 이상의 열대성 폭풍이 10년당 약 8%씩 증가한다. 그들의 예측대로 열대성 폭풍의 증가세는 계속 유지되고 있으며, 올해 역시 평균 이상의 허리케인 시즌이 예상된다.

물론 기후온난화가 폭풍우에만 영향을 미치지는 않는다. 지구온난화로 뜨거워진 대기는 폭염, 가뭄, 산불의 위험을 높인다. 미국 국립기상청은 미국 남서부에 화씨 100도(섭씨 38도)가 넘는 폭염을 예상하며 지역 주민들의 대비를 경고했다. 다시 더워지는 캐나다 밴쿠버는 지난해 기록적이었던 열돔현상과 산불의 악몽을 되뇌게 만든다. 북극과 남극의 빙하가 녹으며 상승한 해수면은 인구가 밀집된 해변 도시에 바닷물 범람에 의한 피해 가능성을 높인다. 특히 몰디브처럼 해발고도가 낮은 섬나라들은 지구온난화의 직격탄을 맞고 있다.

지구라는 냄비 안의 물 온도가 끓어오르고 있다. 사람들은 급변하는 러시아-우크라이나 전쟁, 물가 상승, 에너지 대란에 가려져 냄비 속 물의 온도 변화엔 둔감해져 버렸다. 끓는 물 속의 죽어가는 개구리는 우리의 모습이 돼간다. 탈출할 기회는 남아 있다. 냄비의 뚜껑이 아직 열려 있기 때문이다.

창백하고 푸른 바다

필자는 부산 바닷가에서 태어나 자랐다. 어릴 적, 학교 수업이 끝나면 바닷가 길을 따라 집으로 돌아왔다. 코로 들어오는 바닷바람이 상쾌했고, 귀로 들리는 바닷물의 찰랑거림이 편했으며, 눈에 비친 파도와 햇살의 눈부심이 좋았다. 하늘과 바다가 만나는 두 파란색의 끝없는 무한함은 언제나 나의 시선을 사로잡았다. 항구를 떠나 광활한 바다로 나갔다 항구로 다시 돌아오는 어선들을 보면서 나의 삶도 그렇지 않을까 생각했다. 생각과 고민이 많을 때마다 찾은 바다는 나의 잡념들을 거대한 수평선 너머로 던져버렸다. 삶과 미래의 불확실성 속에서도 마음을 안정시키며 다시 앞으로 나아갈 수 있도록 도와주었다. 바다는 그렇게 어머니처럼 나를 품고 있었다.

이 글은 2023년 4월 10일 자 기사(《주간경향》 1522호)를 바탕으로 작성되었으며, 당시 필자는 한국 부산 고향에 귀국 후 작성했다. 본문에 언급된 수치와 사건들은 모두 그 시점 기준이다.

부산 다대포 바다 | 정봉석

　바다의 모성은 나뿐만 아니라 지구상의 모든 생명체에게 영향을 미친다. 첫째, 숨을 쉬는 생물에게 산소를 제공하는 중요한 생명 유지 장치 역할을 한다. 흔히 아마존 열대우림을 지구의 허파라고 하지만 아마존은 대기 중 산소량의 20% 정도만을 생산할 뿐이다. 바다의 산소 생산량은 70%에 달한다. 지구의 진정한 허파는 바다다.

　둘째, 바다는 지구 온도가 일정한 범위를 유지하는 데 큰 기여를 한다. 바다는 지표 대부분 영역으로 흐르면서 위도에 따라 불균등하게 공급되는 태양에너지를 골고루 퍼질 수 있도록 한다. 온도가 오르는 동안 엄청난 양의 열을 흡수하는 것은 바다의 특별한 능력인데, 이는 계절적인 표면 온도 상승을 완화한다. 지구가 금성처럼 항상 수증기 넘치는 온실이 되거나 화성처럼 얼어붙은 사막이 되지 않고 쾌적한 온도를 유지할 수 있는 것도 바다가 있기 때문이다.

셋째, 바다는 지구온난화의 주범인 이산화탄소를 소비한다. 대기와 넓게 접하고 있는 바다는 이산화탄소를 많이 흡수한다. 식물성 플랑크톤은 광합성을 통해 이산화탄소를 산소와 유기화합물로 전환한다. 이후 동물성 플랑크톤과 물고기 등의 해양 먹이사슬을 따라 유기화합물은 위치를 옮기며 최종 소비자인 인류에게 먹거리를 제공한다. 연구에 따르면 바다는 인류가 배출한 이산화탄소의 30% 이상을 흡수한다. 인류가 일으킨 기후재앙의 위기를 어머니 바다가 막아온 것이다.

고통받는 바다

그랬던 어머니 바다가 지금 고통받고 있다. 아픔이 쌓이면서 바다의 신음소리가 들린다. 산업혁명 이후 이산화탄소 배출량이 세속 증가하고, 바다가 흡수할 수 있는 한계를 넘어서고 있다. 바다는 온실가스에 간힌 과도한 열기를 흡수하는 방패 역할을 했지만 이젠 그 방패도 열기에 녹아내린다.

국립수산과학원의 자료에 따르면 전 세계 바다의 평균 표층 수온은 1968년부터 54년 동안 지구온난화로 평균 0.52도 상승했다. 이는 평균값이므로 수온이 많이 오르거나 적게 오른 지역도 있다. 우리나라는 전자의 경우로, 한반도 주변 수온은 같은 기간 약 1.35도 상승했다. 이는 세계 평균과 비교했을 때 약 2.5배 높다. 국립수산과학원은 이 상승세가 지속되면 2100년에 최대 4도까지 오를 수 있다고 경고했다.

바다 수온의 상승은 해수면 상승의 원인이 됐다. 빙하와 빙산이 녹으며 바다에 많은 물이 더해졌다. 바닷물이 따뜻해지면서 바다의 부피가 팽창해 해수면이 상승했다. 기후변화에 관한 정부 간 협의체(IPCC) 보고서에 따르면 1901년에서 2018년 사이에 전 세계 평균 해수면은 약 20cm 상승했다. 이는 최근 들어 더 빨라지는 경향을 보인다. 2021년 기준 연 3.7mm의 속도로 해수면이 상승하는 중이다.

해수면 상승은 인구가 밀집된 해변 도시에 바닷물 범람에 의한 피해 가능성을 높인다. 해변 인근 지하수층으로 소금기 짙은 바닷물이 흘러 들어간다. 세계 글로벌 도시 중 대부분은 해안 근처에 있어 해수면 상승의 직접적인 영향을 받는다. 해안선을 따라 형성된 도시들에 수면이 상승하는 바다는 지역 일자리와 지역 산업에 필요한 기반시설을 위협한다. 해발고도가 낮은 섬나라들은 지구온난화의 직격탄을 맞고 있다.

또한 바다는 흡수하는 이산화탄소량이 증가하면서 빠르게 산성화되고 있다. 이산화탄소가 물에 녹으며 탄산화 반응을 일으키고, 바닷물의 수소이온농도(pH)를 낮춰 바닷물의 산도를 증가시킨다. 학술지 〈네이처〉에 발표된 연구에 따르면, 산업혁명 이후 전 세계 해양 pH가 0.1 이상 떨어졌고, 이 같은 추세가 이어지면

2100년에는 pH가 0.4 이상 떨어질 수 있다고 한다. 산성화된 바다는 조개류와 갑각류 등으로부터 칼슘을 빼앗아 껍데기에 구멍이 나거나 얇게 만든다. 수온 상승과 함께 산호초 표면이 하얗게 드러나는 산호 백화 현상의 원인이기도 하다. 해양 산성화는 바다 생태계와 생물 다양성에 부정적인 영향을 미친다.

2022년 〈지구물리학 연구 회보(Geophysical Research Letters)〉에 발표된 한 연구를 보면, 바다의 이산화탄소 흡수 능력이 2100년께 절정에 달한 뒤 2300년이면 절반으로 줄어든다고 돼 있다. 연구팀은 바닷물의 알칼리도(Alkalinity)—산을 중화시키는 물의 용량으로, 산이 더해질 때 pH의 변화에 저항하는 물의 완충 능력—를 통해 바다의 이산화탄소 흡수 능력을 측정했다. 연구팀이 행한 기후 시뮬레이션에 따르면 지구온난화가 지속될수록 바다의 표면이 더 따뜻한 담수로 덮이고, 아래층의 더 찬 알칼리성 해수와는 섞이지 않게 된다. 이때 표층수는 이산화탄소가 포화상태에 이르고 알칼리도는 떨어져 이산화탄소를 흡수할 수 있는 능력도 저하된다. 결과적으로 표층수는 바닷물의 이산화탄소 흡수를 방해하는 장벽이 된다. 대기 중 온실가스를 더 많이 남겨 지구온난화를 기속히고, 이는 다시 바다의 이산화탄소 흡수력을 더 떨어뜨리는 악순환을 일으킨다.

연구팀은 이산화탄소 배출이 최악에 이르는 상황을 가정하고 시뮬레이션을 진행했고, 현재 지구촌에서 진행되는 온실가스 배출 저감 노력을 고려하면 실제 이런 지경에 이를 가능성은 높지 않다고 밝혔다. 하지만 온실가스 배출이 감소하지 않고 인류의 노력이 구호에만 그친다면, 이전에 알려지지 않은 지구온난화의 위험이 본격화될 수 있는, 제동장치가 풀려버리는 티핑포인트가 될 수 있다고 경고했다.

작아지는 연근해 고등어

지구온난화는 바다 생태계와 생물 다양성, 바다의 생산성에 영향을 미친다. 2022년 부산대학교, 한양대학교, 전남대학교, 해양생태연구소 등의 국내 연구팀들이 국제학술지 〈해양 과학 및 공학 저널(JSME)〉에 게재한 연구들에 따르면, 기후변화로 우리나라 연근해 해양생태계의 생산성이 감소하고 있다. 식물 플랑크톤이 광합성을 통해 유기화합물을 생산하는 능력이 10년 전(2008~2009년)과 비교해 60% 수준으로 감소했다. 식물 플랑크톤은 동물 플랑크톤의 먹이가 된다. 식물 플랑크톤의 감소는 동물 플랑크톤 소형화에 영향을 미치고, 상위 소비자인 어류의 소형화에도 영향을 미친 것으로 나타났다. 최근 우리나라 연근해에서 잡히는 고등어 등의 주요 어종에서 소형 물고기 비율이 높아지는 이유도 이 때문이다.

무한히 받아주던 어머니 바다의 희생은 이제 한계점에 다다랐다. 칼 세이건은 보이저호가 해왕성을 지나며 마지막으로 촬영해 보낸 지구 사진을 두고 '창백하고 푸른 한 점'이라 말했다. 그가 의도하지는 않았지만, 지구 표면의 70%를 차지하는 푸른색의 바다가 정말 창백해지려고 한다. 신음 소리를 내는 어머니 바다에 이젠 귀를 기울여야 한다.

말라가는 지하수, 움직이는 자전축

중동의 사막국가 아랍에미리트의 수도 아부다비를 여름에 처음 방문했을 때 나는 두 가지에 놀랐다. 첫째, 중동 날씨의 악평을 미리 공부하고 마음의 준비는 했음에도 공항 바깥으로 나서자마자 자연의 장벽 앞에 무기력해졌다. 100%에 가까운 습도와 40도에 가까운 여름 태양의 온도는 사람의 마음이 얼마나 나약한지 확인시켰다. 둘째, 모래밖에 없는 황토색의 사막국가라고 생각했지만 공항 주변은 의외로 푸른 나무와 공원이 조화롭게 펼쳐져 있었다. 공항에서 도심으로 이어지는 도로 옆에도 나무가 빈틈없이 심겨 있고, 도심 곳곳에 존재하는 녹색 풀밭과 야자수들은 이곳이 사막국가인지를 의심케 했다.

물론 열사의 땅이라 불리는 아라비안 반도는 사막지대다. 연

이 글은 2023년 11월 27일 자 기사(《주간경향》 1554호)를 바탕으로 작성되었으며, 과거 아랍에미리트 아부다비에 머물며 경험한 중동의 지하수를 주제로 작성했다. 본문에 언급된 수치와 사건들은 모두 기사 작성 시점 기준이다.

강수량이 100mm 미만에—참고로 한국의 연평균 강수량은 약 1,300mm다—뜨거운 태양이 작열하는 아부다비의 대지는 바짝 메말라 모래만 존재하는 곳이다. 그러나 물의 흔적을 찾아볼 수 없는 지상과 달리 지하에는 물이 존재한다. 사막의 지하 깊은 곳에는 대수층—땅속 모래·자갈·점토 등으로 이루어져 물이 잘 통과하는 지층—이 있어 몇천 년 이전부터 축적된 대량의 지하수가 있다. 이곳 사람들은 지하수를 발견하고 지상으로 퍼올려 사막에 생명을 불어넣었다. 식수나 목축을 위한 기초적인 물 사용뿐만 아니라 사막에 다양한 작물을 키우기 위한 농업용수로도 쓰인다. 나무도 많이 심고 공원을 만드는 데도 지하수를 이용한다. 물이 풍요로운 도시처럼 운용하며 녹색 정원 도시를 꿈꾼다.

대수층에 저장된 지하수는 지구에 저장된 소중한 담수 자원이다. 지하수는 대수층 내에서 흐르며, 모래나 자갈처럼 작은 틈이 많은 다공성 매질을 통과하는 과정에서 자연적으로 걸러지기 때문에 수질은 대체로 깨끗하다. 따라서 일상생활에서 사용하는 식수로 유용하게 이용된다. 흔히 주변에서 볼 수 있는 우물이나 약수도 지하수에 속한다. 실제로 대수층은 78억 세계인구 중 20억 명에게—약 네 명 중 한 명에게—식수를 공급한다. 지하수 취수량의 70%는 농업에 사용한다.

그러나 지상으로 공급되는 지하수는 오래전부터 축적된 물일 뿐이다. 지하수를 과다하게 사용하면 지하수량을 지속적으로 유지하기 어렵다. 목축, 식수와는 다르게 농업용수로 지하수를 쓸 경우 엄청난 수량이 필요하다. 농업의 특성상 넓은 면적이 필요하

아랍에미리트 아부다비에 위치한 공원 | 정봉석

고, 지속적으로 증발이 일어나기에 계속적으로 물을 공급해야 한
다. 특히 아부다비의 낮은 강수량과 강렬한 태양 때문에 작물을
성장시키는 데는 더 많은 물을 필요로 한다.

지하수가 과잉 추출되면서 아부다비의 대수층은 고갈되기 시
작했다. 줄어든 대수층의 담수로 주변 페르시아만의 해수가 침투
해 지하수의 염도가 높아졌다. 지하 대수층의 담수에 의존하던 사
람들은 사라진 대수층 또는 높아진 염분농도로 작물 수확량 감소
를 경험하거나 농사를 포기하기 시작했다. 도심에 심은 나무와 공
원들도 해수 담수화 플랜트에서 생산된 담수나 한 번 사용한 물
을 재생한 물을 사용하기 시작했다. 도시의 생존과 경제활동이 화
석연료를 기반으로 하는 해수 담수 플랜트에 의존할 수밖에 없는

상황으로 내몰렸다.

지하수 고갈이 불러올 재난

유엔 대학 환경·인간안보연구소(UNU-EHS)는 2023년 10월 말 이런 내용이 담긴 '상호 연결된 재해위험 2023 보고서'를 냈다. 보고서에서는 인류와 생태계가 가까운 미래에 마주할 수 있는, 특히 되돌리기 매우 힘든 극적 전환점(티핑포인트)이 될 재난을 다뤘고, 이 중 첫 번째가 지하수였다. 세계 주요 대수층 37개 중 21개에서 퍼올리는 물의 양이 다시 차오르는 양보다 많아 빠르게 고갈되고 있다고 경고했다. 대수층의 물이 사라지면서 사람들의 생명과 생계가 위험해진다고 밝혔다.

보고서는 아부다비와 인접한 사우디아라비아의 예를 들었다. 사우디아라비아는 세계에서 가장 큰 대수층 중 하나를 가지고 있고, 이를 이용해 작물을 키웠다. 1990년대 중반에는 세계 6위의 밀 수출국이기도 했다. 하지만 지하수를 과잉 추출하면서 대수층의 지하수 80% 이상이 고갈됐다. 2016년 사우디 정부는 밀 수확을 멈췄다. 이제 사우디는 3천만 명이 넘는 인구를 먹여 살리기 위해 다른 나라에서 수입한 농작물에 의존해야 한다.

지하수 과다 사용에 따른 재난 경고는 국내에도 존재한다. 제주도는 연평균 강수량이 1,457mm로 풍부한 섬이지만 투수성이 높은 지질 특성으로 인해 상시 물이 흐르는 하천이나 강이 거의 없다. 이 때문에 도민들은 생활에 필요한 용수 대부분을 지하수에 의존한다. 최근 인구와 관광객의 증가와 각종 개발사업, 농업용 관정(管井) 확대 등으로 지하수 사용량이 더욱 크게 증가했다. 취수량 과다로 인한 지하수 수위 강하로 해안지역에는 해수 침투가 발생했다. 기후변화의 영향으로 인한 폭염일수의 증가와 가뭄의 장기화, 강수의 패턴 변화 등도 지하수에만 의존하는 도민들의 불안감을 가중시켰다. 2017년에는 가뭄으로 큰 피해가 발생했으며, 일부 지역에서는 해수 침투로 지하수 관정 취수가 중단됐고, 단수를 해야 하는 심각한 상황도 발생했다.

싱크홀과 지구 자전축 변화

고갈되는 지하수의 영향은 식수와 식량 위기에만 그치지 않는다. 많은 물을 지하 대수층에서 뽑아 사용하면 지하에 공동(空洞)이 발생한다. 지상에서 눈으로 보면 단단한 암석 같지만, 그 지하는 대수층의 물이 빠진 텅 빈 공간이다. 지하수가 감당하던 압력을 땅속 공간이 버티지 못하고 지상의 주택, 각종 사회 인프라가 땅속으로 꺼지는 싱크홀 재난이 발생한다. 뽑아 쓴 지하수의 양이 많을수록 싱크홀의 규모도 커진다. 최근 국내외에서 발생하는 싱크홀 현상의 원인도 인류가 지하수를 과다 사용하면서 시작된 것이다.

심지어 인류의 무분별한 지하수 사용이 지구 자전축을 이동시킨다는 연구가 2023년 〈지구물리학연구학술지(Geophysical Research Letter)〉에 실렸다. 서울대학교 지구과학교육과 서기원 교수 연구팀은 1993~2010년에 인류가 사용한 지하수의 양이 약 2조 1,500t 이고, 이로 인해 해수면이 약 6mm 상승하고, 지구 자전축이 약 80cm 이동했다는 연구결과를 발표했다. 지구에 존재하는 물 전체의 양은 변하지 않는데, 지하수를 사용하는 만큼 육지의 물이 사라지고 바닷물이 늘어났다. 이에 따라 지구의 물질량 분포가 바뀌고, 지구 자전축이 이동했다는 분석이다.

자전축의 변화로 인한 기후변화 우려도 제기됐다. 자전축이 변화하면 지역별로 태양에 노출되는 정도가 달라진다. 지역 강수량이 바뀌고, 기존의 기후 환경 시스템에 영향을 줘 생태계를 위협할 수 있다. 자전축 변화는 위성항법장치에도 영향을 줘 항공기, 미사일, 지도 등에 오류가 발생할 수 있다.

기후변화로 인해 갈수록 날씨가 불규칙하게 변하는데 지하수까지 고갈되면 인류는 식량위기를 맞을 수 있다. 사라진 지하수로 강과 호수가 같이 마르면서 함께 살아가는 동식물의 생태계에도 위험이 번진다. 또한 지하수 고갈로 도심 속 구멍이 발생해 싱크홀 속으로 사람과 인프라가 갑자기 사라진다. 지하수 고갈에 따른 자전축 변화는 지구온난화와 더불어 기후변화를 더욱 가중시킨다. 이미 복잡하게 얽혀 있는 기후변화 문제에 지하수 고갈이라는 또 다른 숙제가 얹혔다.

기후위기, 숲이 주는 해답

2024년 11월 1일, 태풍 콩레이의 영향으로 제주는 폭우에 휩싸였다. 200년에 한 번 올 법한 양의 비가 쏟아진 뒤, 다음 날 아침 그동안 찾아가고 싶었던 비자림으로 발걸음을 재촉했다. 발밑의 땅은 비에 촉촉하게 젖어 푹신했고, 공기는 상쾌하고 차분했다. 아침 공기 속에는 빗방울이 남긴 고요함이 스며 있었고, 숲 곳곳은 비의 흔적을 반짝이며 빛내고 있었다. 비자나무 잎마다 맺힌 물방울이 아침 햇살에 작은 빛으로 반짝이고, 빗물에 씻긴 나무들은 더욱더 녹음이 짙어진 숲의 중심으로 나를 초대하는 듯했다.

비자림은 흔히 '천년의 숲'으로 불린다. 수령 800년이 넘은 비자나무 2,800여 그루가 빼곡히 자리 잡고 있다. 이 나무들은 한국에서도 특별히 제주에서만 자생하는 희귀종이다. 주변에 떨어진

이 글은 2024년 11월 25일 자 기사(《주간경향》 1604호)를 바탕으로 작성되었으며, 당시 필자는 방문한 제주도 비자림을 배경으로 작성했다. 본문에 언급된 수치와 사건들은 모두 그 시점 기준이다.

'천년의 숲'으로 불리는 제주 비자림의 비자나무 | 정봉석

비자나무 열매를 살짝 누르면 향긋한 숲속의 냄새가 퍼진다. 그 안의 씨앗은 옛날부터 구충제로 요긴하게 쓰였다. 『동의보감』은 "비자를 하루 일곱 개씩 7일간 먹으면 촌충이 없어진다"는 처방을 전하고 있다. 또한 비자나무는 내구성이 좋고 아름다운 결을 지닌 목재로도 유명하다. 특히 비자나무 바둑판은 최고의 품질을 지녔다고 평가받는다.

길을 따라 걷다 보면, 뿌연 안개가 흩어지듯 숲이 서서히 시야에 드러나고, 세월의 무게를 이고 꿋꿋하게 서 있는 나무들이 주는 경외감에 압도된다. 어제의 폭우가 아무것도 아닌 듯 비자나무들은 수많은 폭풍과 계절의 변화를 견뎌내며 굵고 튼튼한 줄기를 세워 잎을 활짝 펼치고 있었다. 이 숲을 거닐 때 느껴지는 경외감은 단순히 나무와 숲을 넘어 수백 년 동안 이어져온 생명의 연대기에 대한 찬사로 다가왔다. 천 년을 지켜온 숲속에서, 한 세기도 채 살지 못하는 인간의 존재가 또렷해지며 자연의 본질과 영속성 앞에서 겸허해졌다.

기후위기를 막는 숲

여름 내내 이어진 폭염과 가을까지 지속한 늦더위로 2024년은 관측 사상 '지구에서 가장 뜨거운 해'로 기록되었다. 산업화 이전과 비교해 평균기온 상승폭은 처음으로 '기후 마지노선'인 1.5도를 넘어섰다. 이제 폭염, 폭우, 폭설, 태풍, 가뭄, 홍수, 한파, 대형 화재 등 이상기후가 세계 곳곳에서 일상화되고 있으며, 이러한 기후변화는 인류 전체의 생존을 위협하고 있다.

비자림 같은 숲은 이러한 기후위기의 파도에 맞서는 소중한 방파제다. 산업혁명 이후 화석연료 사용이 늘면서 이산화탄소 배출량이 꾸준히 증가해 기후변화가 심화하고 있다. 숲은 기후위기를 완화하는 데 중요한 자연적 탄소 저장소 역할을 한다. 나무는 광합성을 통해 대기 중 이산화탄소를 흡수해 줄기, 가지, 잎, 뿌리에 저장하고, 산소를 방출한다. 오래된 숲의 나무들은 수십 년, 수백 년 동안 탄소를 저장하며 지구의 '탄소 은행' 역할을 해왔다.

숲의 역할은 이뿐만이 아니다. 숲은 폭염과 가뭄, 폭우와 같은 극단적인 날씨에 있어 방어선을 제공한다. 나무 그늘의 온도는 주변 기온보다 훨씬 낮고, 나무뿌리는 빗물을 머금어 비가 자주 오지 않아도 토양을 촉촉하게 유지한다. 더운 여름날 숲에 들어서면 느껴지는 서늘한 공기로 알 수 있듯이 숲은 자연의 에어컨이자 물 저장고인 셈이다. 폭우가 쏟아질 때 숲이 토양을 단단히 붙잡아주어 지반이 쉽게 무너지지 않는다. 땅속 깊이 뻗은 나무의 뿌리는 비가 지나간 뒤에도 수분을 유지해 지하수를 풍부하게 하고 지역 생태계의 소중한 균형을 지탱한다.

도시에 조성된 '도시 숲'은 열섬현상을 완화하는 데도 큰 역할을 한다. 산림청에 따르면, 도시 숲은 여름철 한낮 평균기온을 도시 중심보다 약 3~7도 낮추고, 평균습도를 9~23% 높여 도시 열섬현상을 완화한다. 또한 미세먼지는 평균 25.6%, 초미세먼지는 평균 40.9% 줄여 공기를 정화하는 효과가 있다. 인천시는 2024년 기준으로 52억 원의 사업비를 투입해 여덟 곳에 도시 숲을 조성할 계획을 밝힌 바 있다.

3800년 전 나무에서 얻은 탄소감축 해법

2023년 전 세계 화석연료 사용과 산업 부문에서 배출된 이산화탄소는 약 370억t에 달한다. 숲을 포함한 육상식물은 매년 광합성을 통해 대기 중 이산화탄소 약 2,200억t을 흡수하니 인류가 배출하는 양의 약 여섯 배에 달하는 이산화탄소를 제거하는 셈이다. 그러나 시간이 지나면서 이 육상 생태계 또한 불에 타거나 썩고 분해되며 흡수했던 이산화탄소를 다시 대기 중에 방출하는데, 그 양은 매년 약 2,200억t에 이른다. 따라서 현재의 탄소 순환 구조만으로는 이산화탄소 농도를 안정적으로 줄이기에 부족하다. 이러한 한계를 극복하기 위해, 육상식물이 탄소를 더 오래 저장할 수 있는 새로운 접근법을 연구하고 있다.

2024년 9월 학술지 〈사이언스〉는 수천 년 동안 땅속에 보존된 나무에서 영감을 받아 새로운 탄소 저장 방식을 소개했다. 메릴랜드대 등 미국과 캐나다의 연구진은 캐나다 퀘벡의 지하 2m 지점에서 3800년 전에 묻힌 적삼나무를 발견했는데 이 나무는 본래 생체량—나무가 살아 있을 때 가지·줄기·뿌리 등에 축적된 전체 유기물의 양—의 95% 이상을 보존하고 있었다. 연구진은 나무가 썩지 않고 탄소를 오랜 시간 간직할 수 있었던 이유를 점토질 토양이 나무를 둘러싸 부패를 늦추었기 때문이라고 설명했다.

이 발견을 기반으로 연구진은 나무를 지하에 묻어 탄소를 장기 저장하는 '나무 보관소(wood vaulting)' 방식을 제안했다. 매년 발생하는 목재 수확량과 잔재물을 땅속에 묻는 식으로 전 세계에서 연간 100억t의 이산화탄소를 제거할 수 있다는 것이다. 특히 이 방식은 다른 탄소 제거 방식보다 경제적이라는 장점이 있다. 이산화탄소를 공기에서 바로 뽑아내는 직접 공기 포집은 처리 비용이 1t당 600~1,000달러 수준으로 추정된다. 반면 연구진이 제안한 목재 지하 매립 방식은 1t당 100~200달러 수준이고, 앞으로 10~20년 동안 규모를 확대하고 기술을 최적화하면 30~100달러까지도 비용을 낮출 수 있다.

숲은 수백, 수천 년을 견디며 우리에게 숨 쉴 공기와 마실 물을 제공하고, 지구의 온도를 지켜왔다. 3800년 전 땅에 묻혀 보존된 적삼나무가 암시하듯, 숲은 기후위기에 대한 해법을 품고 있다. 비자림처럼 오랜 세월을 버텨온 숲 하나하나가 기후위기를 극복하기 위한 중요한 자산이며, 우리가 지켜야 할 소중한 유산이다. 숲은 기후위기에 맞선 우리의 방패다.

코알라의 죽음이 남긴 질문

호주를 방문한 적이 있다. 학회에 참석하고 인근 대학에서 한동안 연구하며 지낼 수 있는 기회였다. 호주 방문은 내게 오래 기다려온 여행이었다. 붉은 사막, 끝없이 펼쳐진 초원 그리고 남반구 호주에서만 살아가는 이국적인 야생동물들. 그중에서도 가장 보고 싶었던 동물은 단연 '코알라'였다. 주변 코알라 보호구역의 나무 위에서 졸고 있는 회색 털 뭉치들을 찾았다. 생각보다 훨씬 작고 귀여웠다. 두툼한 앞발로 나무를 끌어안은 모습은 마치 세상 모든 걱정을 내려놓은 듯 평온했고, 가끔 바람에 흔들리는 잎사귀에 코를 찡그리며 몸을 움츠리는 모습은 어린아이의 깜찍한 잠버릇 같았다. 하루 스무 시간을 자는 그들의 삶을 들여다보는 순간, 시간은 나무 아래에서 조용히 멈춰 섰다. 호주를 떠난 지 꽤 오랜

이 글은 2025년 5월 16일 자 기사(《주간경향》 1629호)를 바탕으로 작성되었으며, 과거 필자가 방문한 호주 코알라 보호구역을 배경으로 작성했다. 본문에 언급된 수치와 사건들은 모두 기사 작성 시점 기준이다.

잠자고 있는 코알라 | 픽사베이

시간이 지났지만, 졸고 있는 코알라의 모습은 지금까지 인상 깊게 남아 있다.

최근 코알라와의 평온한 기억이 흐뜨려졌다. 호주 빅토리아주 정부가 야생 코알라 약 700마리를 헬기에서 총으로 사살한 사건 때문이다. 2025년 3월 빅토리아주 부즈빔 국립공원에 발생한 대형 산불로 약 2,200ha의 산림이 소실됐다. 주 정부는 코알라의 주요 먹이인 유칼립투스 군락지도 대부분 파괴돼 먹이를 잃고 고통 속에 방치된 코알라들을 '인도적 안락사'라는 명목으로 살처분했다고 설명했다. 사슴, 돼지 같은 외래 침입종을 통제하기 위한 공중 사살은 일상적으로 이용되는 방법이지만, 동물 복지를 이유로 실행한 것은 이번이 처음이었다. 이 극단적인 조치는 분노를 불러

일으켰고, 전 세계 언론의 주목을 받았다. 빅토리아주 정부는 왜 그렇게까지 했을까?

호주 산불, 기후변화가 만든 불타는 재앙

호주는 여름만 되면 고온에 강풍이 겹쳐 일어난 대형 산불로 큰 피해를 입는다. 2019~2020년에는 6개월 넘게 산불이 이어지며 약 19만km²의 면적이 불에 타고 33명이 사망하는 등 '블랙 서머(Black Summer)'라 불리는 최악의 산불이 발생하기도 했다. 2024년 2월에도 빅토리아주에 산불이 확산하면서 주민 약 3만 명에게 대피령이 내려졌고, 100여 개 학교와 유아시설, 노인시설 및 교도소 등이 폐쇄됐다. 당시 기온은 40도를 넘었고, 시속 80km에 달하는 돌풍과 마른번개까지 겹치면서 피해가 걷잡을 수 없이 확산했다.

산불의 주요 원인은 극심한 가뭄과 자연발화다. 호주는 세계에서 자연발화가 가장 빈번히 발생하는 국가다. 장기간 이어지는 극심한 가뭄은 연간 강수량을 최저 수준으로 낮추고, 빈번한 폭염은 매년 크고 작은 산불로 이어진다. 최근 코알라 살처분으로 논란이 된 부즈빔 국립공원의 대형 산불 역시 국립공원 내 발생한 낙뢰로 인한 자연발화였다.

호주 산불이 기후변화의 결과라는 연구도 있다. 2021년 국제 학술지 〈환경연구레터스〉에 실린 논문에서 정수종 서울대학교 교수 연구팀은 2000년부터 2020년까지 인도양 해수면 온도 변화를 분석했다. 그 결과, 초여름과 늦가을 사이 인도양 열대 해역의 수온 변화가 동부에는 작고, 서부에는 높음을 확인했다. 이로 인해 인도양 서쪽의 동아프리카 지역에서는 강수량이 증가했고, 인도양 동쪽의 호주에는 강수량이 감소했다. 연구는 지구온난화가 가속화할수록 호주의 고온 건조한 기후가 더욱 강화되고, 이는 남동부 지역의 산불 위험을 높이는 요인이라고 분석했다.

호주의 산불은 사람들에게 고통을 안길 뿐 아니라 자연 생태계에도 막대한 피해를 입히는 대재앙이다. '블랙 서머' 당시 산불로 피해를 입은 야생동물은 약 30억 마리에 달한다. 그중 코알라는 약 6만 마리가 사망하거나 부상을 입은 것으로 추정된다. 뉴사우스웨일스(NSW) 북부 해안 일부 지역에서는 전체 코알라 개체군의 71%가 사라졌다는 조사 결과도 있다. 당시 산불 현장에서 검게 그을린 코알라 한 마리가 구조대원이 건넨 물을 받아 마시는 장면이 전 세계 언론에 널리 보도됐다. 생명을 위협하는 재앙 속에서도 살아남으려는 코알라의 모습은 깊은 울림을 주었다.

이러한 맥락에서 최근 불거진 '헬기 공중 안락사' 사건은 윤리적 논란을 불러일으켰다. 화상과 부상으로 고통받고, 굶주림 속에서 점점 상태가 악화되는 코알라들에게 안락사는 고통을 줄이는 마지막 수단이었을지 모른다. 그러나 묻지 않을 수 없다. 이들이 겪는 참혹한 재앙의 근본 원인은 결국 인간이 배출한 온실가스를 비롯한 지구 환경 훼손의 결과가 아닌가?

기후변화가 부르는 여섯 번째 대멸종

지구온난화로 인한 기후변화는 인류는 물론 지구 전체 생물의 생존을 위협하는 심각한 문제다. 이는 단순한 날씨 변화에 그치지 않고, 생물종의 멸종 속도를 가속화하고 있다. 실제로 지구 역시에는 다섯 차례의 대멸종이 있었으며, 이들 대부분은 급격한 기후변화와 밀접한 관련이 있다. 온실가스 배출 등 인간 활동이 유발한 기후변화가 여섯 번째 '대멸종'을 초래할 것이라는 우려가 커지는 가운데, 최근 이를 구체적으로 분석한 논문이 발표됐다.

2024년 12월 과학저널 〈사이언스〉에 실린 '기후변화 멸종' 논문에서 마크 어반 미국 코네티컷대학 교수는 기존 485건의 연구와 500만 건 이상의 예측 자료를 종합해 2100년까지 기후변화 시나리오(SSP)에 따라 생물 종 멸종 위험이 어떻게 달라질지를 분석했다. 연구 결과, 지구 평균기온 상승폭이 산업화 이전 대비 1.5도로 억제될 경우 전체 생물 종의 1.8%가 멸종위기에 처하지만, 상승폭이 5도 이상일 경우 약 3분의 1에 달하는 종이 멸종할 수 있는 것으로 나타났다. 이른바 '기후변화 멸종'은 지리적으로는 호주·뉴질랜드, 남아메리카, 북아프리카 등에서 생물 분류상으로는 특히 양서류에게 더우 치명적인 영향을 미칠 것으로 분석됐다.

기후변화로 인한 여섯 번째 대멸종은 현실에서 이미 진행 중이다. 급격한 기온 상승으로 극지방의 얼음이 녹고 해수면이 상승하면서, 북극곰 등 서식지를 잃는 동물이 늘고 있다. 식물도 생장과 번식에 필요한 영양분 부족과 꽃 피는 시기의 변화로 약해지고 있으며, 곤충과의 생태적 균형도 무너지고 있다. 해양에서는 플랑크톤 감소와 산호 백화 현상이 나타나 해양 생태계가 붕괴 위기에 처했다.

검게 그을린 코알라 털에 묻은 것은 재가 아니라 인간의 무책임이다. 불길을 피해 살아남은 코알라들은 결국 인간의 손에 총살당했다. 헬기에서 떨어진 '인도적' 총알엔 인류가 초래한 기후재앙의 무게가 실려 있다. 기후변화의 현실을 외면할수록 총구는 점점 우리를 향한다.

사회와 불평등
생활 속 기후위기

기후위기의 충격은 모두에게 같지 않다. 누군가는 탁한 수돗물을 마셔야 하고, 누군가는 치솟는 물가에 생활이 무너진다. 재난은 취약한 사람들에게 더 큰 피해를 안기며, 화학 오염과 불평등은 우리의 건강과 안전을 위협한다. 이 부는 일상 속에서 체감되는 불평등한 기후위기의 얼굴을 보여준다.

캐나다도 피하지 못한 플라스틱 팬데믹

캐나다는 전 세계에서 두 번째로 큰 땅을 가지고 있다. 한반도의 45배, 남한 땅의 100배가 넘는 광대한 국토를 가지고 있고, 표준 시간만도 6개나 된다. 웬만한 도시에서 도시 사이의 이동은 자동차로는 거의 불가능하다.

그리고 캐나다는 땅의 크기만큼이나 아름답고 다양한 자연환경을 가지고 있다. 광활한 대륙 곳곳에 아름다움과 신비로움이 담겨 있어 보는 이로 하여금 감탄을 자아낸다. 캐나다가 이러한 자연환경을 유지하는 데는 여러 요인이 있다. 첫째, 넓은 국토에 비해 인구는 3,800만 명 정도에 불과해 환경오염이 발생할 요인이 다른 나라에 비해 상대적으로 적다. 둘째, 국가 정책적으로 환경보호를 중요시한다. 국가 개발사업 등을 만들어갈 때 환경보호가 주

이 글은 2022년 8월 15일 자 기사(《주간경향》 1490호)를 바탕으로 작성되었으며, 당시 필자는 캐나다 토론토에 머물때, 코로나19 사태가 가져온 플라스틱 남용을 배경으로 작성했다. 본문에 언급된 수치와 사건들은 모두 그 시점 기준이다.

해변으로 밀려온 플라스틱 폐기물 | 픽사베이

요 정책 결정요인 중의 하나다. 셋째, 개인적으로 가장 크게 생각하는 요인으로, 캐나다인들이 가지고 있는 환경에 대한 높은 관심이다. 자신들이 살고 있는 자연환경에 자부심을 가지며 일상적인 생활과 대화에서도 환경보호라는 주제를 자연스럽게 우선시한다.

그런 캐나다인들도 피해 가지 못하는 환경문제가 플라스틱 남용이다. 캐나다인들은 매년 300만t 이상의 플라스틱 쓰레기를 배출한다. 코로나19 사태 당시 플라스틱 사용량이 폭발적으로 증가했는데, 이렇게 사용한 플라스틱의 9%만 재활용되고 나머지는 매립지, 폐기물 에너지화 시설 또는 자연환경에 버려진다. 비닐봉지와 플라스틱 용기, 빨대는 최근 들어 캐나다 해변에서 흔하게 발견되는 품목들이다. 캐나다 통계청(2021)에 따르면 사용되는 플라스틱의 약 3분의 1은 일회용 또는 단기 포장용 제품이다. 매년 150억 개의 비닐봉지와 매일 5,700만 개의 빨대가 소비된다. 이 중 버려지는 플라스틱 쓰레기만 해마다 300만t에 이른다. 그중 9%만이 재활용되고 있다.

플라스틱 시대와 환경문제

인류는 사용한 도구를 기준으로 과거 문명을 분류했다. 돌을 사용한 시기를 초기 석기시대, 구리와 주석을 합금한 청동을 사용한 시기를 청동기시대, 철의 사용이 보편화된 시대를 철기시대로 나눈다. 20세기에 들어 인류는 인공적으로 개발한 고분자 물질인 플라스틱에 열광했다. 종이, 유리, 금속, 나무 같은 기존 제품의 재질을 모두 플라스틱으로 대체했고 이 문명을 '플라스틱 시대'로 명명하기에 이르렀다.

플라스틱은 열을 가하면 임의의 형태로 가공이 용이하다. 플라스틱은 가볍고 단단한 데다 안정적인 성질을 가져 기술적 활용성이 높다. 이는 역설적으로 환경문제의 단초를 제공했다. 플라스틱의 안전성은 긴 수명을 의미하며 자연 생태계에서 잘 분해되지 않는다. 특히 많이 쓰는 폴리에틸렌(PE)은 분해되기까지 약 50년이 걸리고, 플라스틱 파이프나 뚜껑 등에 사용하는 단단한 고밀도 폴리에틸렌(HDPE)는 약 100년이나 걸린다.

700종에 가까운 해양생물종과 50종 이상의 담수 생물종이 플라스틱을 섭취하거나 영향을 받는다고 알려져 있다. 다양한 육상

생물 역시 플라스틱을 섭취한다는 보고도 증가하고 있다. 플라스틱 오염은 해변의 미학에 영향을 미치고 배수 및 하수 처리 시스템의 작동을 방해하며, 질병 매개체의 온상을 제공하는 등 인간 복지의 여러 측면에도 영향을 미친다. 세계자연기금(WWF)의 2021년 보고서에 따르면 2019년에 생산된 플라스틱의 사회·경제적 비용을 3조 7,000억 달러로 추산했다.

플라스틱의 또 다른 환경문제는 '미세플라스틱'이다. 미세플라스틱은 일반적으로 직경 5mm 이하의 작은 플라스틱 조각을 말한다. 나노미터 단위까지 이르는 미세플라스틱은 너무 작아 동물의 세포 속으로 들어갈 수 있다. 미세플라스틱은 표면 가공을 위한 연마제, 피부에 다양한 기능 성분을 전달하기 위한 화장품, 각질 제거를 위한 세안제 등에 많이 사용된다. 과거 수십 년간 배출한 미세플라스틱과 이들이 분해돼 더 미세해진 입자들이 지구 생태계를 에워싸며 우리의 밥상으로 되돌아와 인류 건강을 위협하고 있다.

플라스틱은 기후위기와도 연관이 있다. 플라스틱의 주원료가 석유이므로 석유 및 가스 추출, 정제, 분해, 소각 등 모든 단계에서 온실가스를 배출한다. 그린피스 2021년 보고서는 플라스틱 1t당 평균적으로 약 5t의 온실가스를 배출하는 것으로 추정했다.

20세기 최고 발명품이라는 찬사를 받은 플라스틱의 편리함은 남용으로 이어졌다. 그리고 이제는 전 인류를 위협하는 문제가 됐다. 특히 코로나19 사태는 인류의 소비 패턴을 바꿨다. 외식이 줄고 포장·배달 시장이 커졌다. 집에서 간단히 데워 먹을 수 있는 간편 식품의 판매량도 증가했다. 플라스틱 폐기물의 양이 증가하면서 기존의 플라스틱 환경문제를 더욱 악화시켰다.

경제협력개발기구(OECD)는 2022년 6월 플라스틱 전망 보고서를 발표했다. 2019년 기준, 전 세계 플라스틱 쓰레기 처리 비율 중 재활용은 9%에 불과했다. 소각과 매립 비율은 각각 19%와 50%이고, 나머지 22%는 미세플라스틱같이 일반 환경으로 유출됐다. 이 보고서는 플라스틱 오염을 줄이기 위한 해결책 없이는 2019년 3억 5,300만t이던 쓰레기가 2060년에는 10억 1,400만t으로 세 배 늘어날 수 있다고 경고했다.

〈사이언스〉 저널은 2020년에 플라스틱 오염을 줄이기 위한 해결책들의 효과를 추정하는 다섯 가지 모델링 연구결과를 발표했다. 아무런 해결책을 고려치 않고 현재 상태를 유지할 경우 2040년 연간 플라스틱 오염량은 2016년 대비 2.6배 상승할 것으로 예상했다. 가능한 모든 해결책을 구현할 경우 2040년 연간 플라스틱 오염량은 2016년 대비 40% 감소할 것으로 추정했다. 인류의 노력에도 이미 지구 생태계에 배출된 누적 플라스틱 폐기물량이 2040년에 7억 1,000만에 이르리라는 암울한 전망을 제시했다.

유엔환경총회와 캐나다

플라스틱의 생산과 소비는 국가의 경계를 넘는 문제이기 때문에 각 국가가 협력하고 세계적으로 대응하는 것이 중요하다. 2022년 3월 2일 유엔환경총회(UNEA)에서 전 세계 175개국이 플라스틱 오염을 규제하기 위해 2024년 말까지 국제협약을 체결하기로 합의했다. 생산에서 유통, 재활용, 폐기까지 전 과정에 걸쳐 플라스틱 제품을 규제하는 것은 물론 그 범위를 해양 쓰레기와 미세플라스틱에 이르기까지 포괄적으로 대응키로 했다. 이를 위해 정부 간 협상위원회를 2022년 안으로 구성하고 2024년까지 법적 구속력이 있는 협약 안건을 완성하기로 했다.

2022년 캐나다 정부는 국제사회의 움직임에 발맞춰 플라스틱에 규제의 칼을 들었다. 2022년 말까지 일회용 플라스틱 사용을 금지하겠다고 밝힌 것이다. 스티븐 길보트 연방 환경부 장관은 2022년 6월 20일 기자회견에서 일회용 플라스틱 사용 금지령을 발표했다. 일회용 플라스틱을 수입하거나 제조하는 것을 2022년 말까지 금지하고 내년 말까지 판매도 중단하겠다고 밝혔다. 2026년부터는 일회용 플라스틱의 수출도 금지키로 했다. 금지될 일회용 플라스틱은 모두 여섯 가지이다. 일회용 빨대, 테이크아웃 컨테이너 용기, 식료품점 비닐봉지, 플라스틱 식기류, 음료 젓개, 캔음료 실리콘 포장재가 포함됐다. 단 빨대는 비상업적 용도, 의료 목적 등에 한해 일부 허용한다.

플라스틱 오염은 기후위기와 함께 지구촌 인류가 함께 풀어야 할 21세기 큰 숙제다. 플라스틱 재활용을 최대로 늘리고 플라스틱 쓰레기를 줄여 지구생태계에 미치는 피해를 최소화하는 지속 가능한 친환경 시스템이 필요하다. 플라스틱을 대체할 소재의 연구 개발도 필요하다.

위기는 또 다른 기회의 시장을 만든다. 예산 지원이라는 당근과 사용 규제라는 채찍을 통해 새로운 경제 생태계와 일자리들이 창출될 것으로 보인다. 인류 역사에서 위기에 혁신적으로 대응한 문명은 번영하며 성장했고 그렇지 못한 문명은 도태돼 사라졌다. 이제 플라스틱 시대를 졸업할 때다.

녹조라테와 수돗물

아침에 일어나 물 한 잔을 마신다. 화장실을 이용하고 샤워를 한 후 커피 한 잔을 마신다. 아침식사를 준비하기 위해 물을 사용한다. 식사 후 사용한 식기를 닦기 위해서도 물을 사용한다. 식사를 위해 준비한 쌀, 채소, 달걀 등의 식재료는 어느 누군가가 많은 물을 소비해 만든 생산품이다. 매일 쓰는 전기도 화력발전소나 원자력발전소 등을 통해 물을 끓인 증기로 터빈을 돌려 생산한다. 또한 온실가스를 배출하지 않는 재생 가능한 에너지원으로 인류는 오랫동안 수력발전을 사용해왔다. 이처럼 인간이 생명을 유지하고 삶을 영위하는 데 물은 필수 요소다.

인간의 몸 곳곳에 에너지를 전달하는 혈관처럼 인간 활동이 있는 곳에는 상수도가 광범위하게 존재한다. 혈관이 몸 안에 숨어

이 글은 2022년 11월 28일 자 기사(《주간경향》 1504호)를 바탕으로 작성되었으며, 당시 낙동강 수돗물 남조류 검출 사태를 배경으로 작성했다. 본문에 언급된 수치와 사건들은 모두 그 시점 기준이다.

있는 것처럼 상수도관도 지하에 매설돼 눈에 띄지 않는다. 보이지 않기에 잘 잊어버리지만, 상수도는 도시가 형성되고 성장하기 위한 핵심 인프라다. 오래전에는 우물이나 강에서 물을 길어 사용했지만, 이제는 강·호수 같은 수원지에서 취수해 정수하고 상수도관을 통해 개별 소비자에게 깨끗한 물을 세공한다.

상수도가 아프다는 소식이 들려온다. 물을 취수하는 수원지에 남조류가 과대하게 퍼져 물 색깔이 짙은 녹색으로 변했다. 4대강 중 한강, 금강, 영산강에 비해 낙동강은 녹조 문제로 매년 특히 골머리를 앓는다. 2022년 당시 대구시와 창원시의 가정집 수돗물 필터에서 남조류가 검출됐다는 보도도 나왔다. 수돗물은 기본적으로 정수장에서 음용수 기준에 맞춰 정수 처리를 하고, 상수관망을 통해 소비자에게 보내진다. 어떻게 상수관 말단에서 남조류가 검출된 것일까. 수원지에 녹조가 생긴 수돗물을 마셔도 괜찮은 걸까. 과연 수돗물은 지금 안전할까?

녹조의 시작, 조류

녹조는 부영양화된 호수나 유속이 느린 하천에 남조류가 대량 증식해 물 색을 현저하게 녹색으로 변화시키는 현상이다. 갈색을 띠는 규조류가 번성해 바다가 붉게 물드는 적조와 대비해 통용되기 시작했다.

녹조의 원인은 조류다. 조류는 강이나 바다, 호수, 연못과 같은 물속에 사는 작은 생물이다. 엽록소를 가지고 있어 햇빛과 이산화탄소를 이용해 산소와 유기물을 만들어내는 광합성 작용을 한다. 녹조 문제는 코를 막고 눈을 찡그리게 하지만, 지구의 모든 생명체는 조류에게 빛을 지고 있다. 이산화탄소로 가득 차 온실효과로 기온이 높았던 초기 지구를 산소가 풍부하고 다양한 동식물이 살 수 있는 공간으로 변모시킨 것이 바로 조류이다. 조류는 먹이사슬의 1차 먹이가 돼 지구 생태계에 에너지를 공급했다. 무시무시한 우주 방사선을 막아낼 오존층도 만들었다. 지금의 '푸른 별' 지구는 조류가 있어 탄생할 수 있었다.

그 조류가 지금 비난을 받고 있다. 수생태계에 꼭 필요한 생명체지만 너무 과다하게 증식해 수생식물의 광합성을 방해하고 산소 부족을 일으키는 등 나쁜 영향을 끼치기 때문이다. 특히 녹조의 주성분인 남조류는 냄새물질과 독소를 생성한다. 냄새물질은 인체에 영향을 주진 않으나 수돗물의 맛을 떨어뜨리고 불쾌감을 유발한다. 물에서 나는 흙냄새나 곰팡내는 남조류가 엽록소를 합성하는 과정에서 생성된다. 또한 '마이크로시스틴'으로 대표되는 남조류의 독성물질은 간세포를 파괴해 두통, 열, 설사, 구토 등을 일으킨다. 미량이라도 오래 복용하면 간질환을 비롯한 만성 피해를 유발한다. 세계보건기구(WHO)는 음용수의 마이크로시스틴 기준을 1ppb(물 무게의 10억 분의 1) 이하로 정했다. 이는 맹독으로 사용이 금지된 DDT(디클로로디페닐트리클로로에탄)와 같은 수준이다. 낙동강 녹조 발생 시 마이크로시스틴 수준이 WHO 기준을 훨씬 넘는 것으로 보고된 바 있다.

물론 해외의 강이나 호수에서도 녹조가 발생한다. 각 나라는 녹조 문제 해결을 위해 여러 노력을 하고 있다. 하지만 전 세계적으로 인구증가와 산업화에 따라 오염물질의 유입이 증가하고 있다. 기후온난화로 수온이 상승함에 따라 녹조는 더욱 빈번히 발생하고 있다.

오대호 중 하나인 이리호(Lake Erie)는 미국과 캐나다에 접하고, 남쪽으로는 미국 오하이오주·펜실베이니아주·뉴욕주와 서쪽으로는 미시간주와 닿아 있다. 북쪽으로는 캐나다 온타리오주에 닿아 있다. 인근지역 1,100만 명이 이리호를 상수원으로 이용한다. 주변 과수농사와 와인용 포도재배에도 이곳의 물이 사용된다. 산업혁명 시기 이리호에서 무제한으로 제공되는 산업용 담수는 디트로이트, 클리블랜드, 버펄로 등이 세계 굴지의 중공업 산업도시로 성장하는 원동력이 됐다.

물을 마음껏 오남용한 결과는 처참했다. 이리호는 1970년대부터 녹조현상과 수질 악화, 수생태계 오염 문제를 겪어왔다. 이리호로 유입되는 하·폐수의 방류수를 관리하면서 1990년대 들어 수질이 개선되는 듯했지만, 2000년대 들어 다시 녹조가 심해졌다. 2014년은 특히 정도가 심각해 주변 도시의 식수 공급을 중단할 정도였다. 관련 오염 규제와 법률을 만들어 시행 중이지만 지금까지도 심심찮게 이리호의 녹조 관련 소식이 들려온다.

수돗물 문제

녹조가 발생하면 낚시, 수상스키 등 수상 여가활동을 즐기기도 어렵다. 남조류가 발생시키는 독성물질인 마이크로시스틴은 건강에 해를 끼친다. 신체적인 접촉이나 어패류의 섭취를 금하는 것이 좋다. 또한 유해 남조류가 대량으로 발생한 물을 농업용수로 사용하면 농작물에 안 좋은 영향을 줄 수 있다.

녹조현상의 가장 직접적이고 중요한 문제는 수돗물로 이용되는 많은 수원지가 녹조 문제에 그대로 노출돼 있다는 점이다. 녹조와 독성물질로 오염된 물을 수돗물의 원수로 이용하면 이후 정수처리를 거치더라도 불안감을 남긴다. 더욱 심해진 녹조현상과 가정집 수돗물 필터에서 남조류가 검출됐다는 소식은 수돗물의 안전성에 대한 근원적인 질문을 던진다.

정수장에 들어가는 남조류를 원천적으로 막기는 어렵다. 그러나 남조류의 냄새와 독성물질은 정수처리를 통해 음용수 기준에 맞게 제거가 가능하다. 환경부와 관련 상수도 사업본부의 주장은 다음과 같다. 첫째, 취수장 주변 조류 차단막과 취수탑을 이용해 녹조에 따른 환경변화에 따라 적절한 취수 수심을 선택함으로써 조류의 유입을 최소화시킨다. 남조류는 주로 수면에 부유하기에 수심 5~6m에 이르는 깊은 곳에서 취수한다는 것이다. 둘째, 정수장으로 유입된 조류의 경우 분말 활성탄의 투입량을 조절해 여과 효율을 높임으로써 수돗물의 안전성을 강화한다. 마지막으로, 오존과 염소를 이용한 소독과정을 통해 남아 있는 독성물질을 제거한다. 오존 산화를 통해 독성물질과 냄새물질을 제거하고 염소처리를 통해 수돗물에 잔류 염소를 제공함으로써 2차 안전막을 설치한다.

결국 수돗물은 정수처리를 완벽하게 했다는 신뢰를 얻는 게 중요하다. 이는 녹조현상이 발생할 때마다 정수장에서 생산되는 수돗물을 수시로 검사하고, 조류독수물질 검사결과를 공공에 발표하면 신뢰는 자연히 회복된다. 필요 시 검사과정을 환경단체와 공유함으로써 검사결과의 투명성을 담보할 수도 있다.

가정집 수돗물 필터에 남조류가 나온다는 환경단체의 주장과 정수장에서 검출되지 않는다는 정부의 주장 사이에는 간격이 있다. 이 두 주장은 정수장에서 생산된 물이 같은 수질상태로 가정집 수돗물로 전달된다는 가정을 전제로 한다. 이 가정은 정수장과 가정집 사이에 있는 상수관망과 저수탱크의 오염 가능성을 고려치 않았다. 2019년 발생한 인천시 적수사태, 2021년 춘천시에서 발생한 탁수사태, 2022년 서울시 양천구 신정동에 발생한 흙탕물사태는 상수관망을 통한 오염의 가능성을 보여준다. 아파트 가정집에 설치된 저수탱크는 정기적으로 세척하고 관리하지 않으면 남조류를 포함한 외부 오염의 가능성이 존재한다. 혹시 환경단체와 정부가 벌이는 공방이 문제의 본질을 놓치고 있는 것은 아닐까. 어려운 문제다.

남조류 문제는 날씨가 추워지면 자연스럽게 해결된다. 수온이 20도 이상이 되는 여름과 가을에 주로 증식하고 온도가 맞지 않으면 자연적으로 소멸하기 때문이다. 이는 달리 말하면, 매년 방문하는 불청객처럼 조류가 내년 여름에도 다시 찾아온다는 얘기다. 조류는 지구온난화로 좀 더 빈번하고, 좀 더 오랫동안 우리를 괴롭힐 것이다.

인재이자 관재인 리비아 대홍수 참사

리비아는 북아프리카, 지중해에 접해 있는 아랍 국가다. 면적은 약 176만km²로, 세계에서 열여섯 번째로 큰 나라이고, 남한 면적(약 10만km²)에 비해 약 17배나 큰 대국이다. 하지만 대부분 지역이 사하라사막이기 때문에 실제 개발 가능한 면적은 해안가에 한정돼 있다. 인구도 약 700만 명 정도로 국토면적에 비해 적다.

리비아의 기후는 북부 해안지역을 제외하고는 매우 건조하고, 작열하는 태양만 있는 전형적인 사막기후다. 강수량이 250mm 미만인 지역을 사막기후로 지칭하는데, 리비아의 연평균 강수량은 26mm로 극단적으로 적다. 참고로 전 세계 연평균 강수량은 약 800mm이고, 한국의 연평균 강수량은 약 1,300mm다. 리비아에는 수십 년째 비가 전혀 내리지 않는 곳이 많다. 비교적 비 올 가능성

이 글은 2023년 10월 23일 자 기사(《주간경향》 1549호)를 바탕으로 작성되었으며, 당시 리비아 대홍수 참사 사고를 배경으로 작성했다. 본문에 언급된 수치와 사건들은 모두 그 시점 기준이다.

이 높은 고원지대에서도 5년에서 10년 사이 겨우 한 번 비 구경을 한다. 당연히 리비아에서 물은 중요성을 넘어 생존과 직결된다. 과거 필자는 물 관련 과제를 수행하며 중동에 거주했다. 비는 중동인들에겐 신의 축복과도 같아서, 비 오는 날이면 집 바깥으로 나가 온몸으로 비를 맞으며 신께 감사를 드렸다.

의외로 리비아의 물 부족 문제를 해결하는 작업은 한국과 인연이 깊다. 내륙 사하라사막 지하 깊은 곳에 1만 년 이전부터 축적된 대량의 지하수가 있다. 이 지하수를 끌어올려 북부 지중해 해안 도시들에 물을 공급하는 대수로 공사를 과거 한국의 동아건설이 실행했다. 사막을 가로질러 지름 4m, 총길이 4,000km가 넘는 거대한 송수관을 매설해 하루에 650만t의 물을 북부 지중해 연안에 공급하는, 20세기 단일 토목공사로는 세계 최대 규모였다.

1,000만 명의 인력과 500만 대 분량의 중장비를 동원한 대공사 끝에 성공적으로 대수로 공사를 완공했고, 리비아는 한반도 면적 여덟 배 이상의 땅을 농지로 얻었다. 대수로 공사의 통수식 날 메마른 사막에 물이 콸콸 쏟아지는 신기한 광경에 리비아 국민은 열광했다. 당시 리비아 최고지도자 카다피는 성공적인 대수로 공사를 세계 8대 불가사의라며 치켜세웠다. 한국 입장에서도 이 공사는 큰 의미가 있었는데, 한국기업이 중동에 진출하는 데 마중물 역할을 했기 때문이다. 석유붐을 탄 중동 건설에 한국기업을 홍보하는 단골 수단이 되기도 했다.

리비아 대홍수

2023년 9월, 물이 귀중한 리비아에 비가 많이 내렸다. 내려도 너무 많이 내렸다. 당월 11일 월요일 리비아 동북부 해안 도시 데르나에는 하루 만에 무려 414mm에 이르는 비가 내렸다. 쏟아진 물은 도시 남부의 계곡 골짜기로 몰려들었다. 홍수를 방지하는 두 개의 댐이 존재했지만, 폭우로 인한 수압을 견디지 못하고 한 댐이 터졌다. 이어 두 번째 댐도 터졌다. 댐이 터지며 형성된 거대한 물줄기가 쓰나미처럼 해안도시로 쏟아져 내렸다. 데르나 도심은 그야말로 초토화됐다. 2023년 9월 18일 유엔(UN)은 홍수로 약 1만 1,300명이 사망했다고 밝혔다. 1만 명 이상이 공식적인 실종자로 남아서 최종 사망자 수가 얼마인지는 불분명하다. 데르나 도시 인구가 약 10만 명인데, 도시 인구의 10% 이상이 사망한 것이다. 리비아 정부의 오사마 하마드 총리는 재해 복구 능력을 초월한 '대재앙'이라고 선언했다.

기후 전문가들은 이 같은 이변이 나타난 이유를 해수면 온도에서 찾고 있다. 당시 지중해 동부와 대서양 해수면 온도가 평년보다 2~3도 올랐기 때문이다. 해수면 온도가 상승하면 바닷물에서 나오는 수증기량이 증가해 대기로 유입되고 폭우, 폭설, 태풍 등 이상기후 현상이 더 자주 발생할 수 있다. 특히 바닷물을 에너지원으로 하는 태풍이 더 자주 발생하고 그 위력도 강해진다. 그해 여름 기록적인 더위로 대기가 더 많은 수증기를 보유하며 더 많은 강우량을 가진 폭우의 가능성을 높였다.

이 재앙을 단순히 지구온난화로 인한 어쩔 수 없는 불행이라고 치부하기에는 인명손실과 피해가 너무 크다. 같은 폭풍에 피해를 입었던 그리스와 튀르키예, 불가리아에서는 희생자 수가 약 20명에 그쳤다. 국토의 3분의 1이 물에 잠겼던 2022년 파키스탄 대홍수 사태에서도 사망자가 약 1,700명(물론 파키스탄의 인명피해도 엄청나다)으로 데르나 한 도시에 닥친 재앙의 크기와 비교가 되지 않는다. 무엇이 이토록 한 도시를 죽음으로 내몰았을까?

재앙의 퍼즐 조각

첫째로 지리적인 특수성에서 그 원인을 찾을 수 있다. 습한 지역에 비가 오면 토양이 물을 흡수해 홍수 위험을 완화하는 스펀지 같은 역할을 한다. 이와 반대로 데르나 같은 건조한 지역에서는 비가 땅속으로 스며들지 않아 지표면에 머물며 빠르게 움직이고 갑작스러운 홍수를 일으킨다. 특히 데르나의 경우 강과 개울을 따라 흘러내린 퇴적물이 산맥 기슭에 형성한 지형에 위치해 있다. 마치 깔때기에 비를 모아 한곳으로 흘려보내는 배출구 마지막에 도시가 자리한 형국이다. 홍수로 인한 물이 갑자기 이동하며 많은 퇴적물과 잔해물을 이곳으로 운반했고 결국 도시 중심부의 모든 것을 불도저처럼 밀어버렸다.

둘째, 믿는 도끼에 발등이 찍혔다. 인류의 큰 도시들은 물의 접근이 용이한 강을 중심으로 성장했다. 재앙적인 홍수의 피해에 고스란히 노출될 수밖에 없다. 이 도시들에서는 전통적으로 댐과 같은 홍수 조절 및 상수도 인프라 구축을 통해 물을 다스렸고, 이를 통해 문명의 번영과 활력을 얻었다. 데르나는 두 개의 댐으로 홍수를 방비했다. 이를 믿고 도시 중심지를 지나는 하천 주변으로 건축물이 즐비했다. 하지만 이 두 개의 댐은 2002년 이후 유지·보수를 받은 적이 없었다. 댐으로 인해 물이 모이고, 댐의 붕괴로 모였던 물이 갑자기 쏟아지면서 시가지를 쓸어버렸다. 믿었던 댐이 오히려 더 큰 재앙을 불러온 셈이다.

셋째, 리비아 정치 리더십의 분열과 무능이다. 2011년 리비아 내전으로 카다피 권력이 무너진 이후 정치, 경제, 치안 등이 불안정해지고 이는 전반적인 인프라의 퇴보로 이어졌다. 20년 넘게 수리를 미뤄온 데르나댐이 강력한 폭우로 붕괴될 수 있다는 논문이 2022년 발표됐지만, 정부는 관심이 없었다. 게다가 폭우가 강타했을 때 집에 머물라는 당국의 잘못된 지시가 인명 사상자 피해 규모를 키웠다.

데르나의 지형, 인프라 노후화, 폭우에 대한 부적절한 경고가 이미 재앙의 퍼즐 조각을 준비하고 있었다. 지형의 특수성을 고려한 대비를 했더라면, 댐의 유지·관리를 잘했더라면, 재난 대비 경보가 올바로 작동했더라면 리비아 대홍수로 인한 큰 인명피해는 막을 수 있었다. 가속화된 기후위기가 퍼즐을 완성하며 치명적인 홍수 재앙을 일으켰다.

기후변화 영향으로 갈수록 더 많은 폭우가 발생하고 있다. 홍수는 더 위험해지고 큰 피해를 가져올 것이다. 기후변화는 우리 주변의 약한 틈을 찾아내며 재앙의 씨앗을 뿌린다. 뿌려진 씨앗은 우리 무관심 속에 자라나며, 기상이변이 나타날 때 재앙의 꽃을 피운다.

리비아의 슬픈 소식은 인재(人災)이자 관재(官災)다.

올라가는 온도, 치솟는 밥상 물가

미국의 수도 워싱턴 중심에 있는 내셔널몰(National Mall)은 '미국의 앞뜰'이라고 불리는 공원이다. 길이 3km, 폭 483m에 달하는 거대한 직사각형 잔디광장으로, 중앙에는 워싱턴의 가장 높은 건축물인 워싱턴기념탑(169.3m)이 우뚝 서 있다. 그 동쪽에는 연방의사당이, 서쪽에는 링컨기념관이 자리 잡고 있고 북쪽으로는 백악관과도 연결된다. 미국 수도의 한복판이라는 상징성 때문에 이 광장에서는 역사적인 집회와 시위가 열리기도 한다. 1963년 '나에게는 꿈이 있습니다(I have a dream)'로 시작하는 마틴 루터 킹 목사의 그 유명한 연설이 있었던 곳이 바로 이 광장이다.

워싱턴기념탑 남쪽의 인공호수 타이달 베이슨(Tidal Basin)은 포토맥강과 연결돼 있는데, 이 주변에는 벚나무가 줄지어 있다. 매

이 글은 2024년 5월 6일 자 기사(《주간경향》 1576호)를 바탕으로 작성되었으며, 지구온난화로 사라지는 미국 위싱턴 베이슨 호숫가의 벚꽃 '스텀피'와 변하는 장바구니 물가를 배경으로 작성했다. 본문에 언급된 수치와 사건들은 모두 그 시점 기준이다.

미국 워싱턴 타이달 베이슨 호숫가에 벚꽃이 만개했다. | 언스플래쉬

년 3~4월이면 이 호수 주변으로 국가가 주관하는 화려한 벚꽃 축제가 열린다. 1912년 일본이 기증한 벚나무를 옮겨 심은 날을 기념하는 축제다. 미국 동북부의 봄을 알리는 이 축제는 연날리기, 폭죽, 가장행렬 등 다채로운 행사로도 유명하다. 미국은 물론 전 세계에서 약 150만 명의 관광객이 모여 계절의 변화와 흩날리는 벚꽃잎을 즐긴다.

화려한 벚꽃 사이에서 오히려 볼품이 없어 유명해진 벚꽃이 있다. 타이달 베이슨호 남쪽 호숫가에 있는 이 벚나무는 나무속은 비어 있고, 줄기 몇 가지만 남은 못생긴 그루터기(Stump)지만, 지역 주민들은 스텀피(Stumpy)라는 애칭도 붙여주었다. 소금기가 있는 호숫물이 뭍으로 밀고 들어와 많은 벚나무가 견디지 못하고 죽었지만 스텀피는 달랐다. 그리고 다른 화려한 벚꽃 사이에서 자신의 소박한 분홍색 꽃을 매년 만들어냈다. 스텀피의 끈질긴 생명력에 지역 시민들은 열광했다. 특히 코로나19 팬데믹 시절, 이 나무는 시민들에게 고난을 이기고 꽃을 피울 수 있다는 희망을 전했다. 매년 벚꽃이 필 무렵 사람들은 타이달 베이슨을 찾아가 아직 스텀피가 살아 있음을 확인하며 같이 기뻐했다.

하지만 이제 스텀피를 더 보기 어려워졌다. 지구온난화로 바닷물 수위가 상승하면서 포토맥강과 연결된 타이달 베이슨호의 수위도 같이 상승하고 있기 때문이다. 호수의 방조제가 지어진 이후 한 세기 동안 호수 수위가 30cm 넘게 솟아올랐다. 호수 주변의 제퍼슨기념관 등 중요한 문화유산에도 침수 위협이 생겼다. 이에 국립공원관리청은 호숫가에 가까운 벚나무들을 2024년 여름이 오기 전 베어내고, 방조제를 개축하기로 결정했다. 안타깝지만 어쩔 수 없는 결정이었다. 이 소식에 지역주민들은 스텀피의 마지막을 기억하기 위해 모여들었다. 각자의 방식으로 사진을 찍고, 손편지를 적으며 스텀피에게 이별을 고했다.

세계기상기구 지구 현황 보고서

스텀피의 사례에서 알 수 있듯 지구온난화로 인한 자연의 변화는 이제 피할 수 없다. 그리고 변화는 더욱 빈번해지고 정도는 더욱 강해진다. 세계기상기구(WMO)는 2022년 지구 대기 중의 주요 온실가스—이산화탄소, 메탄, 아산화질소—농도가 '기록적'인

수준을 보였다는 보고서를 내놨다. 이산화탄소 농도는 산업혁명 이전인 1750년쯤과 비교해 50% 높아졌다. 메탄과 아산화질소 농도는 1750년 이전보다 각각 164%와 24% 증가했다. 구체적으로 이산화탄소 농도는 417.9ppm, 메탄 농도는 1,923ppb, 아산화질소는 335.8ppb를 기록했다.

WMO는 온실가스 증가로 인해 2023년 전 지구 평균 지표면 온도는 1850~1900년 평균보다 1.45도 높아졌고, 기상 관측이 시작된 이후 가장 따뜻한 해로 기록됐다고 밝혔다. 산업화 시기 대비 지구 기온 상승폭 1.5도는 '기후변화 마지노선'으로 불린다. 2015년 제21차 유엔기후변화협약 당사국총회(COP21)에서 각 국가는 파리 기후협정에 따라 '지구 평균온도 상승폭을 1.5도 이내로 제한하고자 노력한다'고 합의를 했다. 이제 우리는 기후 마지노선에 0.05도까지 근접했다.

육지 못지않게 바다도 뜨거웠다. 해수면 온도와 해양열 역시 최고 수준을 기록했다. 전 지구 평균 해수면 온도는 2023년 4월부터 사상 최고치를 기록했으며, 해양 열용량도 최고 수준에 도달했다. 이렇게 바다가 달궈지면서 남극과 북극의 해빙은 무서운 속도로 녹았다. 특히 남극의 해빙 면적은 지난해 2월 인공위성 관측이 시작된 이후 최소치를 기록했다.

남극과 북극 해빙이 사라지면서 지구 전체의 평균 해수면 상승 속도는 1990년대에 비해 두 배 이상 빨라진 것으로 나타났다. 1993~2002년 지구 평균 해수면 상승 속도는 연평균 2.13mm였고, 2003~2012년에는 연평균 3.33mm, 2014~2023년에는 연평균

4.77mm로 계속 증가 중이다.

2023년에는 산불 피해도 극심했다. 캐나다 산불 피해 면적은 1,490만ha로, 평균 대비 무려 일곱 배가 넘었다. 2023년 8월 하와이에서 발생한 산불은 100명 이상의 인명 피해와 56억 달러에 달하는 경제적 손실이 발생한 사건으로, 지난 100년 동안 미국에서 일어난 산불 중 가장 치명적인 것으로 기록됐다.

지구온난화에 따라붙는 가격표

지구온난화는 주변에 '가격표'를 새로 붙인다. 2023년 9월 과학 저널 〈네이처 커뮤니케이션(Nature Communications)〉은 기후위기가 가져온 경제적 손실을 밝힌 「기후변화로 인한 극한기후의 전 세계 비용」이라는 논문을 발표했다. 논문의 저자는 2000년부터 2019년까지 폭염과 홍수 등 기후위기로 인해 연평균 1,430억 달러(약 200조 원)의 피해 비용이 발생한 것으로 계산했다. 지구온난화에 따른 기상이변의 영향을 받은 이들이 20년 동안 12억 명에 달했으며, 인명 피해에 따른 비용이 가장 큰 비중(63%)을 차지했다고 밝혔다. 극한기후 중에는 폭풍(64%)으로 인한 피해가 가장 많은 기후 비용을 발생시켰으며, 폭염과 홍수·가뭄 피해에 따른 비용도 각각 16%, 10%였다고 덧붙였다.

지구온난화는 가깝게는 국내 장바구니 시장에도 영향을 미친다. 사과의 생산량이 2023년에는 평년 대비 30% 이상 감소하며, 사과를 비롯한 신선식품 가격이 급등했다. 사과 가격은 2023년 동월 대비, 2024년 1월에는 56.8%, 2월에는 71% 올랐다. 기온 상승으로 국내에서 사과 재배가 가능한 면적이 감소했기 때문이다. 증가하는 온실가스로 인해 국내 사과 재배는 장기적으로 계속 감소할 것으로 보인다.

커피 한 잔과 함께하는 초콜릿 한 조각의 여유도 부담스럽다. 2024년 기준, 로부스타 원두의 선물 가격은 1년 전보다 60% 넘게 오르며 역대 최고 기록을 썼다. 가격 폭등의 주원인은 주요 공급처인 베트남과 인도네시아에서 생산량이 감소했기 때문이다. 초콜릿의 원료인 코코아 선물가격도 1년 만에 세 배가 급등해 사상 최고를 기록했다. 세계 코코아 생산량의 80%를 차지하는 서아프리카를 덮친 가뭄으로 생산이 급감했기 때문이다.

기후위기는 먼 나라부터 가까운 우리의 장바구니까지 영향을 미친다. 그리고 곳곳마다 새로운 가격표를 붙인다. 안타깝게도 기후위기에 맞서 변할지 안 변할지는 이제 우리에게 남은 선택사항이 아니다. 이미 기후 마지노선에 근접했기 때문이다. 남은 것은 우리가 원하는 방식으로 변화를 이끌지, 아니면 (스텀피처럼) 기후위기의 피해와 희생을 그대로 맞으며 변화에 끌려갈지다. 어쩌면 우리에게 남은 마지막 선택일지 모른다.

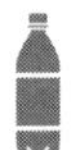

PFAS 누구냐, 너는

아마라 스트랜디(Amara Strande)는 미국 미네소타주 오크데일 시에서 프로 뮤지션의 꿈을 키우던 고등학생이었다. 하지만 2017년 15세 때 그의 삶이 바뀌었다. 갑작스런 두통, 메스꺼움, 코피 및 복통으로 고통받던 그는 500만 명에 한 명꼴로 걸리는 희소간암 판정을 받았다. 5년 동안 스무 번 이상의 수술을 받았지만, 암을 치료할 수는 없었다.

아마라는 주변에서 암으로 고통받는 것이 자신만이 아님을 알았다. 2005년부터 2015년까지 같은 고등학교 학생 다섯 명이 암으로 숨겼고, 다른 많은 사람이 암으로 고통받고 있었다. 또 지역 어린이의 암 사망률은 다른 지역에 비해 171%나 높았다. 아마라는 자신을 포함한 주변 친구들이 왜 비슷한 고통을 겪는지 의아

이 글은 2024년 7월 8일 자 기사(《주간경향》 1585호)를 바탕으로 작성되었으며, 과불화화합물(PFAS)에 기인한 암으로 세상을 떠난 미국 미네소타주 소녀 '아마라 스트랜디'를 배경으로 작성했다. 본문에 언급된 수치와 사건들은 모두 그 시점 기준이다.

했다. 그리고 곧 원인을 알았다. 미네소타에 있는 제조회사 '3M'이 과불화화합물(PFAS: Per- and polyfluoroalkyl substances)이 포함된 폐기물을 주변 지역에 묻었고, 이것이 지역 지하수를 오염시킨 것이었다.

아마라는 자신의 남은 시간을 친구들과 지역사회를 위해 싸우는 데 쓰기로 했다. 여러 위원회 앞에서 증언하며, 미네소타에서 PFAS를 금지하는 활동에 헌신했다. 목에 난 종양과 폐로 전이된 암 때문에 법정 증언 당시 말하기조차 힘들었다. 아마라는 자신의 스물한 번째 생일을 이틀 앞둔 2023년 4월 14일에 세상을 떠났다.

아마라의 노력과 죽음은 헛되지 않았다. 그가 세상을 떠난 2주 뒤 '아마라 법'으로 불리는 PFAS 사용 금지 법안이 미네소타 주의회에서 통과됐다. 이 법안에 따르면 제조업체는 2026년부터 PFAS 사용을 주 정부에 보고해야 한다. 2032년부터는 PFAS 사용이 전면 금지된다.

두 얼굴의 화합물

PFAS는 인간이 만든 인공 유기화합물로, 유기화학에서 가장 강력한 탄소와 불소 원자의 결합이다. 내구성이 좋고, 열에 강하고 물과 기름을 모두 밀어내는 유용한 특성이 있다. 혁신적인 제품이었다. 식품 포장재, 프라이팬이나 냄비 코팅, 화장품, 의류 등 일상생활에서 광범위하게 사용된다. 산업계에서도 필수적인 물질로, 자동차의 주요 부품과 반도체 제조에 필요한 냉매, 세정제,

윤활제, 리튬 이온 배터리를 만드는 데도 쓰인다. 소화기에 쓰이는 거품도 1960년대 미 해군과 3M이 함께 연구해 특허로 개발한 PFAS 기반 화합물이다. 미국 환경보호청(EPA)이 확인한 것만 1만 2,000종 이상이다. 초기 광산업으로 사업을 시작한 3M은 PFAS를 사용한 다양한 제품을 생산하며 거대 다국적 제조 기업으로 성장했다.

PFAS의 장점이라 생각했던 것들이 이후 단점으로 남았다. 내구성이 좋아 잘 분해되지 않고, 열에도 강해 소각처리가 되지 않는다. 또한 물이나 기름으로 분리가 되지 않아 따로 제거할 방법도 마땅치 않다. 이런 특징 때문에 '사라지지 않는 화학물질(forever chemical)'이라는 별칭도 있다. 1950년대부터 오랫동안 사용된 PFAS는 다양한 경로를 통해 토양과 하수로 배출돼 동식물을 거쳐 인체에 축적됐다.

PFAS의 유해성은 사용된 지 50년이 지나서야 발견됐다. 미국 과학·공학·의학 한림원(NASEM)에 따르면 PFAS는 영유아와 태아의 성장 감소, 신장암 위험 등과도 연관성이 있다. PFAS가 당뇨병, 비만, 심혈관 질환 등의 위험을 높인다는 연구도 이어졌다. 미국 식품의약국(FDA)은 PFAS가 암 발병과 불임, 갑상샘 질환, 간과 면역시스템 붕괴, 혈관 노화, 고혈압, 염증, 비만, 미숙아 출산 등과 연관 있다고 경고했다.

PFAS의 유해성 발견에 따라 2023년 7월 초 미국지질조사국(USGS)은 미국 전 지역의 수돗물 PFAS 오염도를 조사해 발표했다. 주택과 사무실, 학교 등 지역을 대표하는 716곳의 수돗물 샘

플을 수집해서 32가지 PFAS 유형의 존재 여부를 확인했다. 미국 수돗물의 최소 45%가 오염됐고, 특히 도시의 오염률이 75%로 높았다. 미국 질병통제예방센터(CDC)에 따르면, PFAS는 미국인 98%의 혈액에서 검출됐다. 2023년 노르웨이 6~16세 어린이 1,094명의 혈액 샘플을 수집해 조사한 결과, 모든 아이에게서 PFAS가 발견됐다. 또한 약 22%의 아이들이 유럽식품안전청이 정한 안전 한도 이상의 수치를 보였다.

PFAS에 대한 글로벌 대응

이에 PFAS를 줄이려는 규제 바람이 불고 있다. 아마라가 세상에 외친 메시지는 미네소타주뿐만 아니라 미국 연방정부 그리고 전 세계로 이어졌다. FDA는 2023년 2월 PFAS가 함유된 식품 포장재를 퇴출시켰다. 패스트푸드 포장재, 전자레인지 팝콘 봉지, 테이크아웃 용기, 반려동물 사료 봉투 등 식품 포장재에 PFAS가 함유된 제품은 판매하지 못한다. 미국 환경보호청(EPA)도 2023년 4월 대표적인 PFAS인 과불화옥탄산(PFOA)과 과불화옥탄술폰산(PFOS)의 식수 내 함유 허용량을 기존 70ppt(1조분의 1)에서 4ppt로 줄였다. 이는 수질 테스트 기술이 판독할 수 있는 가장 낮은 수준으로, 실질적으로 식수 내 PFOA와 PFOS의 완전 제거를 목표로 한다. 미국수도협회(American Water Works Association)는 이 규제로 연간 38억 달러(약 5조 2,000억 원)에 가까운 비용이 들 것이라 예상했다.

유럽연합(EU) 산하 유럽화학물질청(ECHA)은 2023년 1월 독일, 네덜란드, 덴마크, 스웨덴, 노르웨이 5개국이 제출한 PFAS 전면 규제안에 대한 검토 절차를 진행 중이다. 이 안은 유럽연합집행위원회와 회원국 심의를 거쳐 이르면 2025년 이후 단계적으로 결정될 가능성이 있다. 시행이 확정되면 유럽 최대 규모의 화학물질 규제가 된다. 뉴질랜드 정부도 2026년 12월 31일부터 PFAS가 함유된 화장품의 제조와 수입을 금지하기로 했다.

과학계에서도 PFAS를 분해하기 위한 연구 경쟁이 치열하다. 미국 캘리포니아대 리버사이드캠퍼스 연구팀은 2024년 5월 국제 학술지 〈네이처 워터〉에 자외선과 아황산염을 이용한 공정과 전기화학적 산화 반응으로 PFAS를 분해하는 방법을 개발했다고 밝혔다. 2022년에는 미국 노스웨스턴대 연구진이 유기성 액체와 섭씨 10도의 약한 가열만으로 PFAS를 분해했다고 국제 학술지 〈사이언스〉에 발표했다. 하지만 두 연구 모두 고농도의 PFAS를 처리하는 것에 제한돼 자연계 저농도의 PFAS 처리에는 어려움이 있다. 또한 미국 환경보호청이 확인한 PFAS만 1만 2,000종 이상인데 처리 가능한 종은 너무 적다. 아직 많은 연구가 필요해 보인다.

한국 정부는 PFAS 규제에 신중하다. 표면적으로는 제조업 중심의 국내 산업에 PFAS 규제가 미칠 영향을 고려해서다. 국내 규제는 고사하고, EU가 도입을 추진하는 PFAS 사용 규제에도 우려 입장을 전달했다. 마치 화석연료를 대체하는 기후위기 시대에 국내 재생에너지 발생량 비중이 OECD 회원국 중 꼴찌인 것과 비슷하다. RE100(재생에너지 100% 사용)과 PFAS 규제 같은 급변하는 글로벌 사회, 경제 환경 속에서 한국은 나 홀로 떨어져 있다. 국제사회와 발맞추기 위한 국가 차원의 관심과 지원이 필요하다.

기후위기는 공평하지 않다

넷플릭스의 드라마 〈수리남〉이 나오기 전까지 남미대륙 북동쪽, 브라질 위에 수리남이라는 나라가 있다는 사실을 아는 한국 사람이 얼마나 됐을까. 또한 수리남 양옆에 가이아나와 프랑스령 기아나가 삼형제처럼 쪼르르 국경을 맞대고 있는 것은 세계지도를 자세히 살펴보지 않으면 알기 어렵다. 스페인어를 주로 쓰는 중남미에서 특이하게 가이아나는 영어를, 수리남은 네덜란드어를, 프랑스령 기아나는 프랑스어를 쓴다. 각기 다른 언어에서 알 수 있듯 이들 세 나라는 15세기부터 시작된 대항해 시대와 제국주의 시대의 흔적을 고스란히 가지고 있다.

이 글은 2024년 8월 19일 자 기사(〈주간경향〉 1591호)를 바탕으로 작성되었으며, 가이아나의 유전 발견이 가져온 기후불평등 논쟁을 배경으로 작성했다. 본문에 언급된 수치와 사건들은 모두 그 시점 기준이다.

가이아나 중서부 열대우림에 있는 카이어투어 폭포 | 픽사베이

가이아나의 석유는 축복인가 저주인가

세계가 조용하고 알려지지 않은 가이아나를 주목하는 사건이 발생했다. 사탕수수와 쌀농사, 광업이 전부인 가이아나 해안에서 유전이 발견된 것이다. 가이아나는 2019년부터 원유 생산을 시작했다. 2024년 초 원유 생산량은 65만 4,000배럴로 카타르와 맞먹는 수준이고, 2027년 말이면 130만 배럴로 남미에서 브라질에 이어 두 번째로 큰 원유생산국으로 올라설 전망이다. 열대우림 이외에 특별한 것이 없던 나라가 1인당 석유 매장량이 사우디아라비아를 능가하는 세계 1위로 올라섰다. 오일머니가 밀려오면서 국내총생산(GDP)은 급성장 중이다. 2018년 6,100달러였던 가이

아나의 1인당 GDP는 2022년 1만 8,000달러로 치솟았다. 가이아나 수도 조지타운은 새 주택과 호텔, 쇼핑몰, 체육관, 사무실이 들어서며 공사판으로 변하고 있다. 2023년 조지타운에 가이아나 첫 번째 스타벅스 매장이 문을 열었다. 개업식에 모하메드 이르판 알리 가이아나 대통령과 주가이아나 미국 대사가 참석해 이목을 끌었다.

'유전 로또'로 주목을 받은 가이아나는 2024년 알리 대통령이 영국 BBC 대담 프로그램 〈하드 토크(HARDtalk)〉에 출연해 나눈 인터뷰로 또다시 뜨거운 관심을 받았다. BBC 진행자는 가이아나 해저유전 개발을 통해 20억t의 탄소가 배출돼 기후에 위협이 된다는 염려를 전했다. 최근 영국 대법원이 석유 시추와 같은 화석 연료 프로젝트를 승인할 때 온실가스 배출을 반드시 고려해야 한다고 판결하는 등 영국 사회에 고조된 친환경 분위기를 보여주는 질문이었다.

알리 대통령은 발끈했다. 그는 "가이아나에는 잉글랜드와 스코틀랜드 면적을 합친 크기의 숲이 있고, 195억t의 탄소를 저장할 수 있는 걸 아느냐"고 대응했다. 진행자가 "그렇지만 탄소를 배출할 권리가 있느냐"고 되묻자, 알리 대통령은 "당신이 기후변화에 대해 우리를 가르칠 권리가 있느냐"며 격분했다. 선진국들이 가이아나와 같은 '후발주자'를 두고 기후변화를 우려하는 것은 위선이라며 분노했다. 선진국들이 산업혁명으로 환경을 파괴해놓고 이제 와서 우리를 가르치려 드냐고 진행자에게 목소리를 높였다.

지구온난화의 주범인 이산화탄소 농도는 산업혁명 이후 급증했고, 그 산업혁명의 열매는 선진국들이 차지했다. 특히 영국은 산업혁명의 본고장이고, 알리 대통령은 그 점을 꼬집은 것이다. 진행자와 거칠게 논쟁한 알리 대통령을 비난할 수 있을까? 열대우림 속에 살고 있으니 가이아나 국민은 유전개발 같은 환경파괴는 하지 말고 농사나 계속 지으며 살라고 할 수 있을까? 이산화탄소 배출을 하지 말고 혹독한 환경 속에서 원래 있던 대로 살라고 말할 수 있을까? 그들도 서구 선진국처럼 삶의 질이 향상되기를 바란다. 산업혁명으로 산업과 경제를 부흥시킨 서구 선진국처럼 가이아나도 유전개발로 자국의 산업과 경제를 발전시키고 싶다. 그들도 스타벅스 커피를 마시며 삶의 질을 높이고 싶은 욕구가 있다. 이 거친 논쟁은 숨어 있던 기후위기의 불평등과 모순점을 수면 위로 드러냈다.

기후 불평등

세계 곳곳에서 폭염, 폭우, 폭설, 태풍, 가뭄, 홍수, 한파, 대형 화재 등과 같은 이상기후가 일상화되고 있다. 기후변화가 주요 원인인 이러한 현상은 인류 무두의 생존을 위협한다. 하지만 기후변화의 원인과 영향이 모든 국가의 모든 사람에게 공평하게 나타나지는 않는다.

부자 나라는 온실가스 배출량이 많고 기후재난에 대응할 경제적 능력이 있어 피해를 덜 받지만, 기후변화의 책임이 없거나 적은 가난한 나라는 오히려 너무나 큰 피해를 받는다. 예를 들어 방글라데시의 인구는 미국 인구의 절반이지만 1인당 탄소 기여도는 미국의 4% 미만이고 1인당 소득은 미국의 3% 미만이다. 2024년 5월 인도양 북동부 벵골만에서만 발생한 사이클론으로 방글라데시 수도 다카를 비롯한 많은 지역이 물에 잠겼고, 약 300만 명에게 전기공급이 중단됐다. 이 과정에서 익사, 감전사 등으로 최소 17명이 목숨을 잃었다. 게다가 저지대에 위치한 방글라데시는 해수면 상승의 타격이 크다. 2050년이면 방글라데시인 1,800만 명이 삶의 터전을 떠나야 할 것으로 추정된다. 방글라데시인들은 자신들이 배출하지 않은 온실가스로 기후재난에 직격탄을 맞고 있다.

기후위기는 국가 간의 불평등뿐만 아니라 국가 내 부자와 가난한 자에게도 달리 적용된다. 세계 불평등연구소의 '기후 불평등 보고서 2023'에 따르면 미국의 경우 2019년 소득 상위 10% 그룹은 70.3t, 하위 50%는 10.5t의 이산화탄소를 배출했다. 1인당 탄소배출량은 소득 상위 10% 그룹이 하위 50% 그룹보다 7배 많다. 중국의 경우 이 격차가 13배 이상으로 늘어난다. 소수의 부자가 다수의 가난한 사람보다 훨씬 많은 탄소를 배출하지만, 기후위기의 피해는 가난한 사람들이 더 많이 받는다. 가난한 사람들은 가정에 비축된 자원이 적어 자연재해로부터 식량, 물, 건강에 영향을 받을 가능성이 크다. 또한 가난한 지역은 상하수도와 홍수 관리 등 도시 인프라가 상대적으로 열악한 경우가 많고, 해발고도기 낮은 저지대에 있다. 2022년 기록적인 폭우가 쏟아진 서울에서 반지하 주택에 살던 발달장애인 가족이 참변을 당한 것은 단적인 예다.

　　기후위기는 개인 간의 차이를 넘어 세대 간에도 불평등을 초래한다. 온실가스는 배출 후 바로 사라지지 않고 수백 년 동안 대기 중에 누적되는데, 미래 세대는 자기들이 배출하지 않은 온실가스의 피해를 보는 것이다. 2021년 과학저널 〈사이언스〉에 게재된 '극한 기후 노출로 인한 세대 간 불평등에 관한 연구'는 2021년생이 60년 전에 태어난 사람들보다 일곱 배 더 많은 폭염, 두 배 더 많은 산불 등을 마주할 것으로 전망했다. 더구나 미래 세대는 기후위기 대응의 의사 결정에 참여할 수 없다. 현재 의사 결정자의 무책임이 미래 위험을 발생시키는데도 말이다.

　　기후위기 책임을 인류 전체의 책임이라고 '퉁치는' 것은 공정하지 않다. 마치 선진국, 부자 그리고 현세대가 비싼 음식을 잔뜩 먹고 난 후 음식을 먹어보지도 못한 가난한 나라, 가난한 자, 사회적 약자 그리고 다음 세대에게 음식값을 같이 내자고 하는 것과 같다. 기후변화의 비용을 어떻게 분배할 것인가는 중요한 문제다. 남에게 피해를 주면 사과하고 비용을 보상하는 것이 공정이다.

4부

인프라와 기술의 도전

물, 에너지, 그리고 전환

기후위기는 우리 사회의 기반을 이루는 인프라와 기술에도 거대한 도전을 던진다. 교통, 에너지, 상수도, 원전, 인공지능까지—우리가 기댄 문명 시스템은 언제든 흔들릴 수 있다. 그러나 동시에 새로운 전환의 길도 열리고 있다. 이 부는 무너지는 구조와 동시에 찾아야 할 대안을 함께 살펴본다.

변하는 자동차, 변해야 할 자동차

2022년 1월 17일 월요일, 캐나다 토론토에 많은 눈이 내렸다. 일요일 밤부터 눈이 내렸지만, 겨울철에는 도로 제설작업을 바로바로 수행하는 토론토의 특성상 큰 고민 없이 월요일 아침 출근길을 나섰다. 집을 나서자마자 밤새 쌓여 있는 눈의 양이 평소와 다름을 느꼈다. 스노타이어를 장착한 차들이 앞으로 나아가지 못한 채 헛바퀴만 돌리고 있었다. 눈에 고립된 차들을 구조하러 온 소방차도 눈 속에서 빠져나오지 못했다. 나 역시 출근을 포기하고 다시 집으로 돌아왔다.

존 토리(John Tory) 토론토 시장은 월요일의 뉴보라 상황과 내린 눈의 양이 이례적이고 공공안전에 위험이 된다며 '중대 눈폭풍 상황'을 선언했다. 캐나다 환경청(Environment Canada)에 따르면 이

이 글은 2022년 3월 9일 자 기사(《주간경향》 1467호)를 바탕으로 작성되었으며, 당시 필자는 캐나다 토론토에 머물고 있어 현지 상황과 보도를 직접 접할 수 있었다. 본문에 언급된 수치와 사건들은 모두 그 시점 기준이다.

캐나다 토론토의 남북을 관통하는 'Yonge Street'가 지난 2022년 1월 17일
폭설로 인해 차로와 인도를 구분하기 어렵게 됐다. | 정봉석

날 토론토 피어슨 국제공항의 강설량은 32cm로 역대 최고치를 기록했다. 눈폭풍으로 토론토 도시 전역에서 산발적인 정전이 발생했고 학교는 문을 닫았다. 많은 도로가 폐쇄돼 시는 시민에게 이동 제한을 계속해 요구했다. 또한 토론토시는 이번 폭설로 쌓인 눈 4만 5,000t을 제거하면서 역대 최고 제설량을 경신했다. 이는 트럭 약 1만 4,000대 분량의 제설 작업에 해당하며, 제설 작업이 이루어진 도로의 총연장은 약 700km에 달한다. 토론토 역사상 가장 큰 규모의 제설작업이었다. 눈폭풍의 주요 원인으로 지구온난화로 인한 기후변화가 꼽힌다. 관계당국은 이러한 기상이변이 좀더 자주 발생할 것으로 예측했다.

기록적인 월요일의 눈폭풍을 제외하면 토론토의 그해 겨울은 비교적 따뜻했다. 바로 전 겨울도 따뜻했다. 약 20년 전 처음 토론토에 왔을 때 캐나다의 겨울은 마치 북극에라도 온 것처럼 상당히 추웠다. 한국의 '따뜻한' 겨울이 그리웠다. 요즘 토론토의 겨울은 마치 부산의 겨울 날씨같이—가끔 발생하는 기록적인 눈폭풍은 있지만—비교적 온화하다. 주변의 캐나다인들과 대화를 하면 이것이 나만 느끼고 있는 변화가 아님을 확인할 수 있다. 이런 변화의 조짐으로 2021년 9월 캐나다 총선에서는 지구온난화와 기후변화 문제가 핵심 이슈가 됐다.

지구온난화와 기후변화에 대한 고민은 미국도 심각하다. 한 분석에 따르면, 2021년 미국은 1994년 이후 역대 최고의 더위 및 추위 기록을 세웠다. 폭염이 기록의 대부분을 차지했다. 미국 정부가 기상 관측을 디지털 방식으로 기록하기 시작한 1948년 이후 그 어느 해보다 높은 수치였다. 2021년 2월 중순 텍사스에는 기록적인 겨울 폭풍이 몰아쳐 잭슨빌의 기온이 영하 20도까지 떨어졌다. 일조량이 많고 온화한 기후 지역인 텍사스의 온도가 동시간대 알래스카 지역의 온도보다 더 낮아지는, 믿기 힘든 일이 발생했다. 겨울철 난방은 생각하지도 않던 텍사스에서 난방 목적의 전기 사용이 폭증했다. 이는 대규모 정전사태로 이어지면서 246명이 사망했다. 오리건주 세일럼시는 같은 해 6월 28일 기온이 47도까지 치솟았다. 6월 평균 최고 기온이 23도로 시원한 세일럼시에서는 이 기록적인 폭염으로 최소 110명이 사망했다고 한다.

전문가들은 재앙적 기후변화의 위험을 최소화하려면 지구

의 온도 상승폭을 산업화 이전 대비 섭씨 1.5도로 막아야 한다
고 말한다. 현재 지구는 지난 세기 동안 이미 기온이 1.1도 상승했
다. 2015년 파리기후협정을 통해 모든 국가가 이산화탄소 순배출
량 '제로'를 목표로 하여 자체적으로 온실가스 배출 목표를 정하
고 실천하자는 협약을 했다. 이에 맞춰 조 바이든 미국 대통령은
2030년까지 미국의 온실가스 배출량을 2005년 수준보다 50% 이
상 줄인다는 목표를 세웠다. 그러나 이것이 쉽지 않음을 보여주는
보고서가 최근 나왔다.

미국 온실가스 배출량 보고서

미국 기후컨설팅사인 로듐 그룹(Rhodium Group)의 새로운 보
고서에 따르면 미국 경제가 팬데믹 위기에서 회복되면서 2021년
에 온실가스 배출량이 6.2% 증가했다. 코로나19로 에너지 사용이
떨어졌던 2020년 이후 규제가 완화되고 경제활동이 회복되면서
배출량이 다시 반등한 것이다. 특히 미국 최대의 온실가스 배출원
인 운송과 에너지 부문의 배출량 증가가 확연했다.

미국 온실가스 배출량의 가장 큰 부분을 차지하는 운송 부문
(29%)의 배출량은 2020년 15% 감소한 후 2021년 10% 증가했다.
두 번째로 비중이 큰 에너지 부문(25%)은 2020년에 10% 감소했
다가 2021년에는 6.6% 증가했다. 모든 화석 연료 중 가장 많은 오
염을 일으키는 석탄 화력발전소의 배출량은 2020년에 19% 감소
한 후 2021년에 17% 증가했다. 2014년 이후 미국에서 석탄 발전

이 증가한 첫 사례였다. 2021년 추운 겨울과 수출 증가에 힘입어 천연가스 가격이 거의 두 배 올라 전력회사가 석탄 화력발전소를 더 자주 가동했기 때문이다. 그간 석탄 사용이 감소하고 재생에너지가 점점 시장 점유율을 높여가는 게 전반적인 추세였다. 그럼에도 재생에너지가 2021년 미국 전력 발전량의 20%를 차지한 건 새로운 이정표 도달이란 의미를 지닌다.

현재로선 바이든 정부의 기후 목표 달성은 어려워 보인다. 2030년까지 미국의 온실가스 배출량을 2005년 수준보다 50% 이상 줄인다는 목표를 달성하려면 지금부터 2030년 사이 매년 배출량을 약 5% 줄여야 하는데, 이는 코로나19 이전보다 훨씬 빠른 속도다. 이에 바이든 정부는 가장 많은 이산화탄소를 배출하는 운송 부문에 규제의 칼을 들었다.

강화된 배기가스 연비 기준

2021년 말 미국 환경보호청(EPA)은 이산화탄소 배출의 주요 원인인 자동차 배기가스 규제 강화 기준을 발표했다. 이는 바이든 행정부가 지금까지 취한 조치 중 가장 강력한 기후변화 대응으로, 자동차 배기가스 연비를 대폭 상향 조정했다. 당시 자동차의 평균 연비는 갤런당 38마일(리터당 16.2km)이었다. 이를 2026년까지 갤런당 55마일(리터당 23.4km)로 약 45%의 연비 향상을 자동차 제조사에 요구했다. 환경보호청에 따르면 새로운 자동차 배기가스 규제는 2050년까지 31억t의 이산화탄소 배출을 막을 수 있고, 연소되는 휘발유 약 3,600억 갤런을 절약해 2050년까지 전국 휘발유 소비를 연간 15% 감소시킬 것으로 예상했다. 자동차 운전자는 보다 효율적인 차량 연비로 연간 약 1,080달러를 절약할 수 있을 것으로 추정했다.

그동안 미국 배기가스 규제는 정권이 바뀔 때마다 요동치곤 했다. 2012년 오바마 정부는 2025년까지 갤런당 51마일(리터당 21.7km)의 연비 기준을 제시했지만, 2020년 트럼프 정부는 2026년까지 갤런당 44마일(리터당 18.7km)로 규제를 완화했다. 이에 바이든 정부는 오바마 정부 때의 연비 기준으로 되돌리는 것을 뛰어넘어 한층 더 강화된 갤런당 55마일(리터당 23.4km)로 기준을 높였다.

더 나아가 바이든 정부는 온실가스 배출량을 줄이고 기후변화를 늦추고자 2030년까지 판매하는 신차의 50%를 전기자동차로 만든다는 목표를 세웠다. 2021년 11월 미 의회는 전국적으로 약 50만 개의 전기충전소를 건설하는 데 필요한 75억 달러와 전기자동차 생산을 위한 공급망 강화에 들어가는 75억 달러를 포함한 1조 달러의 인프라 법안을 통과시켰다. 또한 바이든 대통령은 연방 정부가 2035년까지 탄소 배출이 없는 자동차와 트럭만 구매하도록 하는 행정명령에 2021년 12월 서명했다.

미국은 전 세계 자동차 산업의 역사에 이정표를 찍는 역할을 해왔다. '자동차왕' 헨리 포드(Henry Ford)의 모델 T가 태어난 1908년 이후 자동차 대중화를 이끌었고, 지금까지 자동차 생산과 소비의 최대 시장이다. 미국에서 자동차는 생필품으로 자동차 없는 생활은 생각하기 어렵다. 많은 미국인은 교외에 살며 도심 일터로

출퇴근한다. 이들은 하루 평균 50km 이상을 운전하며 한두 시간을 자동차에서 보낸다. 미국의 특성상 주거지역이 상업지역과 구분돼 있어 자동차 없이는 편의점도 가기 어렵다.

이제 미국은 전 세계 자동차 산업에 또 다른 이정표를 찍으려 한다. 최근 상승한 미국의 온실가스 배출량은 주로 운송 부문에 기인한다. 이에 바이든 정부는 강력한 자동차 배기가스 연비 규제를 만들었다. 미국은 세계적으로 영향력이 가장 큰 시장이기에 전 세계 자동차 제조사들에 미치는 영향이 크다.

자동차 산업이 변하고 있다. 아니, 생존하기 위해 변해야 한다.

경제의 핵심은 친환경

　캐나다 토론토에 있을 때, 종종 도시의 콘크리트 숲을 벗어나 주변 공원들을 찾곤 했다. 북미 도시의 특성상 도시를 조금만 벗어나도 넓은 초원과 들판 그리고 농부들이 심은 농작물이 끝없이 펼쳐진다. 토론토에서 북서쪽으로 약 한 시간 정도 차를 운전하면 200메가와트(MW)의 전기에너지를 생산하는 아마란스 풍력발전단지(Amaranth Wind Farm)가 나온다. 광활한 평원 사이로 우뚝이 서 있는 133개의 하얀색 풍력발전기는 주변의 자연과 묘한 대비와 조화를 보여준다. 100m에 달하는 풍차 한 대의 높이와 80m에 달하는 날개가 마치 움직이는 거인 같다. 자연에서 불어오는 바람에 흔들리는 노란 꽃잎의 군무에 맞춰 하얀색 거인들도 날개를 흔들며 같이 춤춘다.

　지구 평균기온은 산업화 이전보다 이미 섭씨 1.1도 올라간 상

이 글은 2023년 3월 6일 자 기사(《주간경향》 1517호)를 바탕으로 작성되었으며, 당시 필자는 한국에 귀국 후 작성했다. 본문에 언급된 수치와 사건들은 모두 그 시점 기준이다.

캐나다 토론토 인근에 위치한 아마란스 풍력발전단지 | 정봉석

태다. 2023년 기준 기후위기의 수준이 치명적이라고 말하는 임곗 값 1.5도까지는 얼마 남지 않았다. 이미 폭염과 홍수, 가뭄 등 재해의 규모와 빈도가 점점 극심해지고 있다. 기온 상승을 1.5도 이하로 제한하려면 온실기체 배출량을 줄여야 한다. 그러려면 온실기체를 내뿜는 활동을 줄여야 한다.

화석연료를 태워 물을 끓이고, 증기로 터빈을 돌려 전기를 생산하는 과정은 이산화탄소 같은 온실가스를 배출한다. 만약 이산화탄소를 뿜어내지 않고 전기를 만들 방법이 있다면, 그만큼 온실가스 배출을 줄일 수 있다. 수력발전은 온실가스를 배출하지 않으면서도 인류가 오랫동안 사용해온 재생에너지다. 아마란스 풍력발전단지도 바람의 힘을 이용한, 온실가스를 배출하지 않는 재생에너지다. 하얀색 거인이 많아질수록, 거인들이 날갯짓을 많이 할수록 화석연료에 의지해 생산되는 전력량을 줄일 수 있다. 온실가스 배출량도 줄어든다. 기온 상승을 1.5도 이하로 제한하려는 목표에 좀더 가까워진다.

화석연료를 넘어서는 청정에너지

청정에너지 연구그룹 블룸버그 NEF(New Energy Finance)의 보고서에 따르면 2022년은 세계 에너지 시장에서 온실가스를 줄이려는 노력의 두 가지 지표가 나타난 원년이었다. 첫째로 친환경 청정에너지 투자가 처음으로 연간 1조 달러를 넘어 1조 1,000억 달러에 달했다. 친환경 청정에너지는 탄소 배출이 없거나 감소된 기술을 사용한 에너지를 나타낸다. 구체적으로 재생에너지, 전기차, 에너지저장장치(ESS), 원자력, 탄소포집, 수소 등이 있다. 이 수치는 2021년 대비 2,500억 달러 이상 증가한 사상 최대 규모의 증가량이다.

청정에너지 투자는 재생에너지와 전기차를 중심으로 이루어졌다. 재생에너지에는 2021년 대비 17% 증가한 4,950억 달러가 투자돼 전 세계에 태양광과 풍력발전 설비가 350기가와트(GW) 이상 신규 설치됐다. 전기차는 특히 성장세가 높았다. 2021년 대비 54% 증가한 4,660억 달러로 전기차가 1,000만 대 이상 팔렸다. 세부적으로 전기 승용차에 3,800억 달러, 공공 충전 인프라에 240

억 달러, 전기 이륜 및 삼륜차 230억 달러, 전기버스 150억 달러, 트럭 80억 달러 등이 투자됐다.

또 다른 중요한 지표는 청정에너지 투자가 석유와 가스 같은 기존의 화석연료에 대한 사업 투자액과 같은 수준으로 성장했다는 것이다. 보고서에 따르면 2022년 화석연료 탐사, 개발, 정유 및 발전 등의 투자액은 약 1조 1,000억 달러로 집계됐다. 청정에너지 총 투자액이 기존 화석연료 에너지 투자액을 따라잡은 건 이번이 처음이다. 석탄, 석유, 가스 등 화석연료 기반 에너지 산업의 덩치에 밀리던 청정에너지 산업이 자리를 잡았을 뿐만 아니라 에너지 산업의 주류가 바뀌고 있음을 보여준다.

청정에너지에 투자한 국가 중 큰손은 중국이다. 중국은 5,460억 달러로 전 세계 투자 총액의 거의 절반을 차지하며 단연 선두를 달렸다. 미국은 1,410억 달러로 2위를 차지했고, 독일과 영국, 프랑스가 다음 순위에 있다. 유럽연합(EU)은 1,800억 달러를 투자했다.

급진적인 미국의 변화

화석연료에 의존하는 에너지시스템에서 청정에너지로 탈바꿈하려는 미국의 노력은 좀 더 급진적이다. 미국 에너지정보청(EIA)에 따르면, 2023년 미국에 추가되는 전기 발전설비 용량은 54.5GW로 전망됐다. 이 중 태양광발전이 54%로 29.1GW의 태양광발전 설비가 새로 구축될 것으로 예상했다. 이는 현재까지 태양광 설비 최대 신설로 기록된 2021년 13.4GW의 두 배 이상 되는 규모다. 태양광에 이어 배터리 저장장치(ESS)가 9.4GW(17%), 천연가스발전이 7.5GW(14%), 풍력 6.0GW(11%), 원자력 2.2GW(4%), 기타 0.2GW의 발전설비를 추가할 예정이다. 천연가스발전을 제외한 모든 신규 발전설비는 온실가스를 배출하지 않는 청정에너지다.

미국의 태양광발전은 2010년 이후 계속 성장세를 보였다. 2022년에는 새로 추가된 유틸리티 규모 태양광 발전 설비 용량이 전년 대비 23% 감소했다. EIA는 2022년에 지연된 일부 태양광 사업이 2023년에 추진되면서 설비 증가폭을 대폭 키울 것으로 전망했다. 특히 텍사스주와 캘리포니아주의 신규 태양광발전 규모가 눈에 띈다. 각각 7.7GW와 4.2GW의 발전설비로, 두 주의 합계는 전체 신규 태양광발전 설비 용량의 41%를 차지했다.

배터리 저장장치 설치도 최근 몇 년간 미국에서 급격한 증가세를 보였다. 태양과 바람은 온실가스를 배출하지 않고 반영구적으로 사용 가능한 에너지 공급원이지만 공급이 간헐적이라는 단점이 있다. 태양광발전은 태양이 빛날 때, 풍력발전은 바람이 불 때만 전기를 생성하기 때문이다. 이를 보완하기 위해 배터리 저장장치의 설치량도 같이 성장했다. 당시 기준으로 배터리 저장장치의 용량은 8.8GW였다. 2023년 신규로 9.4GW의 설비를 추가했다. 신규 배터리 저장장치의 71%는 텍사스주와 캘리포니아주에 집중되었다. 풍력발전 설비는 2020년과 2021년 각각 14GW 이상의 기록적인 증가세 이후 증가폭이 둔화하고 있다. 미국에서 30년 만에 처음으로 조지아주에 새로운 원자력발전소를 설립해 2023년 가동을 시작했다.

반면에 2023년 폐기되는 발전설비는 15.6GW 규모로, 이 중 98%가 석탄과 천연가스를 사용하는 화석연료 화력발전소다. 8.9GW 규모의 석탄발전소와 6.2GW 규모의 천연가스발전소가 2023년에 없어질 것으로 추정됐다. 미국에서 운영 중인 석탄 화력발전소 대부분은 1970년대와 1980년대에 건설됐다. 노후 석탄 화력발전소가 고효율의 천연가스발전소나 태양광과 풍력의 재생에너지 발전보다 경쟁에서 밀리면서, 2015년부터 2020년까지 연평균 11GW 규모의 석탄 화력발전소가 폐쇄됐다. 2021년에는 규모가 5.6GW로 둔화했으나 2022년 다시 그 규모가 11.5GW로 늘었다. 폐쇄되는 천연가스발전소는 대부분 최신 복합화력 천연가스발전소보다 효율성이 떨어지는 구형 발전소다.

화석연료로 대표되는 산업혁명 시대와 온실가스를 줄이고 환경을 지키려는 기후변화 시대의 부딪힘은 필연적이다. 사회 곳곳에서 충돌음이 들린다. 화석연료의 지속적인 사용이 경제성장의 필수적인 요소이며, 환경보호에 대한 규제는 산업의 경쟁력을 약화시킨다는 경제 논리가 오랫동안 목소리를 높여왔다. 하지만 지구온난화에 따른 위협은 실존적이다. 기후변화 대응은 더 이상 선택의 문제가 아니라, 거스를 수 없는 방향이 되었다. 친환경이 이상주의자들만의 구호이고 경제발전을 방해한다는 주장은 더 이상 설득력이 없다. 친환경이 경제의 핵심이 됐다.

4대강 보 해갈에 쓸모?

캐나다 수도 오타와에는 유네스코가 선정한 세계문화유산 리도운하(Rideau Canal)가 있다. 리도운하 건설은 그 배경이 특이하다. 미국이 영국으로부터 독립한 후 세인트로렌스강을 따라 국경이 만들어질 즈음, 영국의 식민지였던 강 북쪽의 캐나다까지 편입시키려는 욕심이 있었다. 실제로 1812년 양국 간에 전쟁이 있었고, 이후에도 캐나다는 계속 미국의 침공을 두려워했다. 이에 영국은 1832년 내륙에서 대서양까지의 안전한 수송로를 확보하기 위해 202km에 달하는 리도운하를 만들었다. 이후 긴장 관계는 안정됐고, 현재 운하는 유람선 관광업 중심으로 쓰인다. 시민들은 운하를 따라 휴식과 조깅 및 하이킹을 즐긴다. 또한 겨울에 리도운하는 7.8km 길이의 세계 최대 아이스 스케이트 링크로 변신해 시

이 글은 2023년 5월 8일 자 기사(《주간경향》 1526호)를 바탕으로 작성되었으며, 당시 심각한 가뭄사태에 떠오른 4대강 보 논쟁을 배경으로 작성했다. 본문에 언급된 수치와 사건들은 모두 그 시점 기준이다.

캐나다 오타와의 리도운하 | 정봉석

민들이 즐겨찾는 관광명소가 된다.

역사를 통틀어 물은 강대국의 흥망성쇠, 국가 간의 대외관계, 현존하는 정치·경제 체제들 그리고 일상생활에도 큰 영향을 미쳤다. 인류의 큰 도시들은 물의 접근이 용이한 강을 중심으로 성장해왔다. 강에 근접한 도시는 항상 재앙적인 홍수의 피해에 노출돼 있기에 물을 다스리는 '치수'는 과거부터 나라를 다스리는 '치국'의 근간이었다. 물을 통제하고 공급 확대에 성공한 소수 문명은 번영과 정치적 활력을 얻었다. 그 수단으로 주로 이용된 것이 운하다.

중국과 미국의 성공 스토리

중세 중국의 황금기는 1,770km에 달하는 대운하를 완성하면서 시작되었다. 대운하는 벼를 재배하는 양쯔강 유역의 자원과 북부 황허강 유역의 기름진 반건조 지역을 연결하는 고속도로였다. 중국 수나라 수양제 610년에 건설된 운하는 상하이 남쪽의 항구 도시 항저우에서 북쪽의 베이징까지 연결했다. 세계에서 가장 인구가 밀집된 교역 지역을 단일 시장으로 통일해 중세 중국이 경제적·문화적·정치적으로 오랫동안 번영하는 데 공헌했다. 역설적으로 그 성공에 오랫동안 도취해 세계에 등을 돌리는 운명적인 결정을 함으로써 중국이 15세기에 서서히 쇠퇴하게 한 원인이 되기도 했다. 정치를 의미하는 한자 치(治)가 물을 다스린다는 어원에서 시작한 것처럼 물의 통제는 중국의 정치와 국가통합에 매우 중요한 일이었다.

미국 역시 물에 의한 장애물을 운하를 통해 극복하고 이용함으로써 세계 초강대국으로 도약할 수 있었다. 미국은 독립 직후인 1803년 프랑스로부터 미시시피강 수계의 광대한 루이지애나를 구입했지만, 애팔래치아산맥이라는 크나큰 장애에 가로막혀 동부와 중서부가 사실상 분리됐다. 이 둘을 연결하는 이리운하는 1817년에 착공해 1825년에 개통되었는데, 갓 독립한 미국에 교통혁명을 제공하며 막대한 경제적 효과를 가져왔다. 중서부 지역의 농산물이 미국 동부는 물론 세계시장으로 유통됐다. 시카고, 클리블랜드, 버펄로, 신시내티, 피츠버그 등 조그마한 내륙도시들은 증기선이 북적거리는 미국의 주요 도시로 성장했다.

미국은 이리운하에 이어 1914년 당시 수자원 관련 공사로서는 가장 거대한 도전이었던 파나마운하를 완성했다. 그리고 이를 통해 세계 리더십을 확보했다. 이 운하를 완공하면서 미국은 단번에 전 세계 해양교역의 핵심 국가가 됐다. 또 두 대양에 걸쳐 강력한 해군력을 보유하게 됐다. 미개발 지역인 극서부 지방과 생산성이 높은 동부의 경제를 이어 주는 연결 장치인 파나마운하 덕분에 미국은 빠른 속도로 성장할 수 있었다.

운하 같은 한국의 보

운하를 이용해 번영했던 해외의 사례에서 알 수 있듯 운하 건설은 국가를 운영하는 정치인에게 달콤한 유혹이다. 한국에서도 2006년 말 이명박 당시 대통령 후보가 제17대 대통령선거의 공약으로 한반도 대운하 사업을 제시하며 한강과 낙동강을 운하로 연결하겠다는 거대 토목사업 계획을 밝혔다. 이후 이명박 후보가 당선됐지만, 대운하 공약은 경제성과 환경파괴 문제로 부정적인 반응이 많아 실제 사업으로 이어지지는 않았다. 대신 수위 4대강 정비 사업으로 방향을 전환했다. 4대강 사업은 한강, 낙동강, 금강, 영산강 등 4대강을 준설하고 총 16개의 보를 설치해 하천의 저수량을 늘리는 것이었다. 2009년 7월 시작해 2011년 10월 완공을 선언했다. 그러나 이후 4대강에 건설된 보에 대한 실효성 논란은 계속 이어졌다.

2023년 4대강 보가 다시 뜨거운 화제로 떠올랐다. 2022년 봄부터 이어진 기후재난에 가까운 가뭄으로 광주·전남 지역이 고통을 겪었기 때문이다. 여러 언론에서 문재인 정부(2017~2022)의 4대강 보 해체 결정 때문에 이 지역 주민들이 느끼는 가뭄 고통이 배가됐다고 보도했다. 보는 물을 가두는 '물그릇' 역할을 하기에 가뭄 때 요긴하게 쓸 수 있다는 것이다. 가뭄 지역이 떨어져 있어도 도수관이나 수로를 설치해 물을 보낼 수 있고, 4대강 보가 설치된 영산강 물을 이용한 광주시의 예를 들며 수질도 나쁘지 않다고 내세웠다.

위의 주장은 일견 맞아 보인다. 가뭄을 대비해 수량을 늘리는 것도 타당해 보인다. 그러나 이 주장은 일부의 사실을 가지고 전체를 일반화하는 오류를 가지고 있다. 첫째, 4대강 보로 확보한 사용 가능 수량은 유용하게 사용될 수 있지만 그 해당 지역은 주변 지역으로 제한된다. 가뭄이 빈번하게 발생하는 지역은 도서·해안·산간지역인데 보가 위치한 강 본류의 지역과 대다수 불일치한다. 그리고 4대강 보는 애초 용수 활용을 위해 설계되지 않은 경우가 많다. 추후 대운하 사업을 고려한 높은 취수구 때문에 물을 많이 저장했어도 실제 사용 가능한 물은 전체 중 일부분에 불과다.

둘째, 떨어져 있는 가뭄 지역에 도수관이나 수로를 설치해 물을 보내는 것은 이론적으로는 가능하지만, 관련 토목사업에 관한 경제성 문제는 잘 언급되지 않는다. 언제 발생할지 모르는 가뭄에 대비해 막대한 재원이 소요되는 도수관로를 설치한다면 운용에 드는 에너지 비용 대비 경제성이 떨어진다. 탄소중립을 위한 에너지 절약 흐름에도 역행한다. 건설 후 사용되지 않는 도수관로는 유지관리에도 어려움이 있다.

셋째, 2023년 가뭄 당시 광주시는 4대강 사업으로 만들어진 승촌보, 죽산보와 무관한 영산강 상류의 물을 이용했다. 영산강의 수질 논쟁이 있는 곳은 승촌보와 죽산보 두 곳이다. 이 때문에 문재인 정권에서 강 생태계 복원 등을 위해 승촌보를 상시 개방하고, 죽산보를 해체하기로 했다. 실제 해체되진 않았고, 두 곳 모두 부분 개방 상태로 유지됐다. 2023년 가뭄 사태로 광주시가 이용한 영산강 상류의 물과는 관련이 없다.

기후위기 시대에 효과적인 수자원 확보 정책은 필요하다. 특히 가뭄으로 고통받는 광주·전남 지역 관련 관계자의 고심을 이해한다. 하지만 순간적인 수량 문제에 이론적이고 부정확한 처방을 하지는 않기 바란다. 보를 통한 '사용 가능' 수량의 증가는 제한적이다. 도수관로를 통한 가뭄 지역의 해갈에도 어려움이 있다. 무엇보다 물에는 수량뿐만 아니라 수질의 문제가 공존한다. 2022년 여름과 가을, 극성맞았던 남조류 문제가 아직 기억에 생생하다. 대구시와 창원시의 가정집 수돗물 필터에서 남조류가 검출됐다는 보도도 나왔다. 이러한 수질 문제는 어떻게 할 것인가. 매년 반복되는 여름 가뭄과 남조류 문제는 다시 찾아올 것이다.

오염수 논쟁, 과학인가 정치인가

2011년 3월 11일 일본 산리쿠 연안 태평양 앞바다에서 동일본 대지진이 발생했다. 규모 9가 넘는 거대지진으로, 동아시아 국가 사상 역대 최대의 해저 지진이다. 바다에서 발생한 거대지진은 곧바로 강력한 쓰나미를 발생시켰다. 후쿠시마 원자력발전소에 두 차례의 쓰나미가 덮쳤다. 이 사고로 원자로 3기가 녹아내렸다. 운영자들은 녹아내린 연료를 식히기 위해 바닷물을 원자로에 주입했다. 사고 이후 지금도 계속되는 냉각 과정에서 매일 130t 이상의 오염수가 만들어지고, 이를 원전 부지에 저장해왔다. 수백 개의 대형 저장탱크에는 130만t이 넘는 오염수가 쌓였다.

일본 정부는 더 이상의 저장 공간이 없다는 이유로 2023년부터 오염수를 태평양에 방류하기 시작했다. 일본은 삼중수소라는

이 글은 2023년 7월 24일 자 기사(《주간경향》 1537호)를 바탕으로 작성되었으며, 당시 일본 후쿠시마 원자력발전소 오염수 방류 논쟁을 배경으로 작성된 내용을 현 상황에 맞추어 보완·조정하였다.

방사성 동위원소와 다른 방사성 물질 미량이 포함된 폐수가 안전하다고 주장한다. 2023년 7월 4일 국제원자력기구(IAEA)는 관련 최종보고서를 발표했다. 라파엘 그로시 IAEA 사무총장은 보고서 서문에서 "일본이 선택한 다핵종제거설비(ALPS·알프스) 오염수 방류에 대한 접근 방식과 활동이 국제적인 안전 기준과 일치한다는 결론을 내렸다"고 밝혔다. 일본 정부는 이를 근거로 2023년 여름 내 방사성 물질 오염수를 30~40년 동안 바다로 방류하는 작업을 시작했다.

오염수 방류에 대한 과학 논쟁

이 오염수 방류를 놓고 과학 논쟁이 벌어지고 있다. 몇몇 언론과 정치인들은 IAEA는 국제적으로 가장 신뢰할 수 있는 과학기구이기에 IAEA 보고서의 내용을 믿어야 한다고 주장한다. 과학적 사실을 정쟁 도구로 쓰지 말라고 조언한다. 일본과 IAEA의 주장은 과학적으로 맞는가? 그들의 주장이 과학적이지 못한 데는 여러 가지 이유가 있다.

첫째, IAEA는 원전 오염수의 안전성을 검증하는 데 한계가 있다. IAEA는 원자력의 평화적 이용을 '권장'하는 국제기구다. 동시에 핵무기를 포함한 모든 군사 목적에 원자력이 사용되는 것을 억제하는 사찰기구다. 따라서 순수한 과학적 목적으로 이뤄진 기구가 아니다. 동시에 원전 사업자들과 특수한 이해관계를 가지며 원전 사업의 확장을 추구한다. 이는 마치 설탕 사업자들이 모인 협회가 설탕 회사가 만든 설탕의 안전성을 검증하는 것과 같다. 아무리 설탕의 안전성을 정확하게 검사했다고 해도, 그 협회의 이해관계상 설탕의 검사 결과에 의심의 눈길을 거두기 어렵다.

둘째, 일본과 IAEA의 주장이 과학적이라는 주장에는 보편성의 문제가 있다. 어떤 결과가 과학적이라고 주장하려면 그 과정과 방법이 보편적이어야 한다. 누구든지 그 과정을 똑같이 따랐을 때 같은 결과를 얻을 수 있어야 한다. 이를 과학의 재현성이라 하고, 과학적 방법의 황금률이자 초석으로 여겨진다. 어떤 과학자가 자신이 발견한 장치나 방법이 어떤 효율의 성능을 가졌다고 주장하려면 다른 이가 같은 장치나 방법으로 실험했을 때 같은 효율의 정량적 성능을 보여야 한다. 그래야 그 주장에 보편성이 생긴다.

현재 후쿠시마 오염수 처리는 일본 업체가 만든 ALPS라는 장비에 의존하고 있다. IAEA에서 제공된 자료에 따르면 ALPS는 직렬로 연결된 여러 개의 필터를 오염수가 통과하는 형태다. 단계별로 특정 물질에 해당하는 흡착 물질을 사용해 거르는 구조로 돼 있다. 그러나 ALPS는 삼중수소는 거르지 못하고 그대로 통과되는 것으로 밝혀졌다. 보도된 자료에는 이 오염수 처리 설비가 구체적으로 어떤 필터 구조를 가지고 동작하는지, 어떤 오염 물질을 어떻게 흡착하는지에 대한 구체적인 정보가 공개돼 있지 않다. 따라서 ALPS는 아직 과학적으로 증명된 장비라고 보기 어렵다.

더군다나 ALPS는 운행 중 처리수 누출 사고, 오작동에 의한 긴급정지 사고 등이 있었다. 그리고 도쿄전력도 농도가 높은 오염수를 처리할 때 위험물질이 제대로 걸러지지 않았다고 인정했다.

그러나 도쿄전력은 농도가 높은 오염수의 경우 ALPS를 여러 차례 거칠 것이기에 오염수를 안전하게 처리할 수 있다고 주장한다.

나는 그들의 주장을 믿고 싶다. 그 장치가 정말 그렇다면 핵폐수 문제를 풀어가는 데 도움이 되기 때문이다. 하지만 그들의 주장이 과학적이라는 논리에는 동의하기 어렵다. 아직 구체적인 정보가 공개되지 않았고, 이해관계가 없고 객관적인 제삼자의 정량분석을 실행하지 않았기 때문이다.

셋째, 일본은 ALPS로 걸러지지 않는 삼중수소는 기준치 이하로 묽게 희석해 바다로 방류하면 괜찮다는 입장이다. 방사성 핵종의 해양 확산 시뮬레이션 결과를 근거로 오염수가 방류돼도 주변 국가에 끼칠 영향이 미미할 것이라고 강조한다. 그러나 해양 확산 시뮬레이션은 어렵고, 여러 가정—예를 들어 초기조건, 경계조건, 모델 단순화—이 많이 포함된다. 이는 시뮬레이션 결과에 결정적인 영향을 미친다. 따라서 시뮬레이션 결과를 과학적으로 정량하기 위해서는 이해관계가 없는 전문가의 검증이 필요하다. 또 시뮬레이션 결과가 증명되기 위해서는 실제 현장 결과치와 비교하는 모델 검증 과정을 거쳐야 한다.

무엇보다 희석이 해결책이라는 현 시뮬레이션 분석은 유기 결합, 생물 축적 및 생물 농축의 생물학적 과정과 지역 해저 퇴적물에 축적되는 현실을 무시한다. 축적된 폐냉각수에 포함된 방사성 핵종 대부분은 반감기가 수십 년에서 수백 년에 이른다. 이는 조개, 굴, 게, 랍스터, 새우, 생선 등 같은 해양생물에 해로운 영향을 미치고 그 해양생물을 섭취하는 사람들은 DNA 손상과 암 위험

증가 등의 부작용을 겪을 것이다. 이를 어떻게 검증할 것인가.

이런 이유로 미국해양연구소협회(NAML)는 오염수 방류 계획에 반대하는 성명을 발표했다. 미국해양연구소협회는 ALPS가 오염수에 존재하는 60여 가지의 방사성 핵종을 거의 완벽하게 제거했다는 중요한 과학적 데이터가 없다는 점에 주목했다. 희석이 오염의 해결책이라는 가정은 가장 큰 생물학적 자원을 보유한 태평양을 위협하는 것이라는 심각한 우려를 나타냈다.

과학을 벗어나는 문제

무엇보다 일본의 오염수 방류에는 과학의 영역을 벗어나는 문제가 있다. 일본의 선례로 한국과 서해를 공유하는 중국에서 비슷한 경우로 오염수를 방류한다면 어떻게 할 것인가. 일본 역시 1993년 러시아 해군이 방사성 폐기물을 동해상에 방류했을 때, 이웃 국가는 물론 세계적으로 심각한 환경 문제를 야기할 수 있다고 강조하며 항의했다. 그 결과로 1996년 런던협약이 개정돼 핵폐기물의 해양 투기 금지를 더욱 강화했다. 과학적으로 오염물질의 농도가 얼마 이하라고 말하는 것과 그것을 바다에 방류해도 괜찮은가는 별개의 문제이다. 이는 일본뿐만 아니라 국제적인 정치·외교적 문제로 이어지기 때문이다.

IAEA 최종보고서가 나오기 전 일본 정부는 IAEA의 결정에 따르겠다고 발표했다. 역설적으로 IAEA 최종보고서 첫 장에는 IAEA와 회원국은 이 보고서의 사용으로 발생할 수 있는 결과에 대해 어떠한 책임을 지지 않는다고 밝혔다. 그리고 핵폐수 처리수의 방출은 일본 정부의 국가적 결정이고, 이 보고서가 그 결정에 대한 권고나 지지는 아니라고 강조했다. IAEA와 일본은 서로에게 책임을 넘기고 있다. 서로가 책임지지 않으려는 이 전대미문의 결정을 어떻게 과학적이라고 할 수 있을까. 서로가 판도라의 상자를 떠넘기고 있다.

산으로 가다 멈춘 배

세계지도를 펼쳐보면 바다 사이에 낀 잘록한 땅인 지협을 찾을 수 있다. 육지와 육지를 연결해주는 다리 같은 땅으로 생각할 수 있지만, 바다의 입장에서는 물길이 막혀 있는 곳이다. 따라서 지협을 뚫어 배가 지나가게 하면 수송 거리와 운항일수, 비용을 절약할 수 있다. 역사적으로 인류 문명은 물 접근이 용이한 강을 중심으로 성장해왔기에 수로가 확보되고 물류가 확대되는 운하 건설에 관심을 가졌다. 특히 물을 이용한 해상 운송은 인류 역사에서 언제나 육상 운송에 비해 우위에 있었다. 현대 기술의 발전으로 철도, 항공 운송은 속도 측면에서 해상 운송을 앞지르지만, 여전히 경제적 측면에서는 해상 운송이 다른 운송 수단을 압도하고, 국제 교역의 대부분을 차지한다.

이 글은 2024년 3월 4일 자 기사(《주간경향》 1567호)를 바탕으로 작성되었으며, 심각한 가뭄으로 파나마 운하의 물류 병목현상을 배경으로 작성했다. 본문에 언급된 수치와 사건들은 모두 그 시점 기준이다.

북아메리카 대륙과 남아메리카 대륙을 연결하는 좁은 길목에 파나마운하가 있다. 운하가 건설되기 전에는 배가 멀리 남미 끝에 있는 드레이크해협을 돌아가야 했기에 스페인은 아메리카 대륙을 발견하고 식민화할 때부터 태평양과 대서양을 연결하는 운하 건설을 꿈꾸었다. 운하를 건설할 기술과 엄청난 자본이 문제였다. 파나마운하 공사는 수에즈운하를 개통한 경험이 있는 프랑스에 의해 1880년 시작됐다. 하지만 난공사 구간이 많았고, 사고 및 질병으로 무려 2만 2,000여 명의 인부가 죽어나갔다. 프랑스는 결국 9년 만에 막대한 피해를 보고 물러났다.

이것을 옆에서 지켜보던 미국은 프랑스가 포기한 파나마운하 사업에 관심을 가졌다. 미국은 동부와 서부를 해운으로 연결하고, 대서양과 태평양을 미국의 바다로 만들기 위해 파나마운하를 미국이 건설해야 한다고 믿었다. 1902년 미국은 프랑스로부터 파나마운하 사업권을 4,000만 달러에 매입했다. 이후 미국이 콜롬비아—매입 당시 파나마는 콜롬비아의 땅이었다—에 제시한 일방적인 임대조건을 콜롬비아가 거부했다. 미국은 무력을 통해 파나마를 독립시켰다. 이윽고 신생 파나마 정부로부터 운하 착공에 대한 전권, 완성된 운하의 운영과 관리권, 그 보호를 위한 군대 주둔에 관한 협정까지 일사천리로 맺고 1904년 착공에 들어갔다. 파나마는 지금도 군대가 없다. 미국이 파나마운하의 이권을 지키기 위해 파나마의 군대 보유를 금지했기 때문이다. 미국 달러를 법정통화로 사용하는 등 파나마는 중남미 내 대표적인 친미 성향의 나라다.

파나마운하는 1914년에 완공되었다. 완공 후 미국은 자국 내

파나마운하를 통과하는 컨테이너 선박 | 언플래쉬

미개발 지역인 서부 지방과 생산성이 높은 동부의 경제를 연결하며 경제를 빠른 속도로 성장시켰다. 그리고 단번에 전 세계 해양 교역의 핵심국가가 됐다. 또한 운하 건설로 미국은 두 대양에 걸쳐 강력한 해군력을 보유한 해양세력이 됐다. 미 해군 전함이 태평양에서 대서양으로, 대서양에서 태평양으로 빠르게 이동할 수 있게 됐기 때문이다.

현대 7대 불가사의 파나마운하

프랑스가 건설한 수에즈운하도 어려운 공사였지만, 적어도 평탄한 지형에서 운하를 파는 것이었다. 파나마운하는 난도가 더 높은 복잡한 공사였는데, 중간에 160m가 넘는 산맥이 있기 때문이다. 미국 토목학회(ASCE)가 현대 7대 불가사의의 하나로 꼽은 파나마운하는 신공법과 신기술장비가 총동원된 결과물이다. 결국 파나마운하의 높이를 해수면보다 최대 26m 높게 조정하고 '배가 산으로 올라가는' 혁신적인 방법을 채택했다. 바다에 있는 배가 독에 들어오면 물을 채워 더 높은 위치의 독으로 올려보냈다. 운하 중간에 위치한 가툰호수—파나마운하 건설로 생긴 인공 호수—를 거쳐 다시 독으로 들어가 물을 빼 내려갔다. 물의 수위에 의해 작동하는 엘리베이터처럼 계단식으로 대륙을 관통하는 갑문식 시스템을 이용했다.

하지만 갑문식으로 운영되는 운하는 몇 가지 제약이 있다. 독마다 물을 채우고 비우는 데 많은 시간이 소요된다. 또한 배가 한 척 통과할 때마다 많은 양의 물을 바다로 흘려보낸다. 이렇게 소모되는 가툰호수의 물은 주변 유역에 내리는 강우에 의해 보충됐다. 배 한 척당 필요한 물의 양은 약 2.3억L다. 이렇게 물을 '물 쓰듯' 소비할 수 있었던 것은 파나마가 세계에서 손꼽을 정도로 풍부한 강수량을 기록한 나라였기 때문이다.

가뭄으로 인한 가툰호수의 비상

온난화로 이미 뜨거워진 지구 온도에 2023년부터 발생하고 있는 '엘니뇨' 현상까지 겹치면서 지구 곳곳에 폭염과 홍수, 가뭄의 이상 기후가 발생했다. 특히 파나마는 2023년부터 이어진 극심한 가뭄에 시달리며 기상 관측이 이뤄진 이래 가장 건조한 해 중 하나를 기록했다. 믿었던 강수량에 뒤통수를 맞으며, 가툰호수가 역대 최저 수위를 기록하고 파나마운하 운영에 빨간불이 켜졌다.

이에 2023년 5월부터 파나마운하청은 흘수—선박이 물 위에 떠 있을 때 물속에 잠기는 선체 깊이—제한 조처를 내렸다. 선박의 흘수를 줄이는 것은 배에 실을 수 있는 짐의 양이 줄어든다는 의미다. 이에 대형 선박에 해당하는 컨테이너선들은 컨테이너 적재량을 40% 가까이 줄여야 했고, 화물 운송 비용도 인상했다. 가뭄 상황은 계속 심각해졌고, 파나마운하청은 2023년 11월 추가 발표를 했다. 흘수를 낮추는 정도가 아니라 하루 선박 통행량을 줄이겠다고 발표한 것이다. 하루 36척까지 통과시켰던 통행량을 단계적으로 줄여 2024년 2월부터는 18척으로 제한한다는 내용이다.

파나마 국내총생산의 상당 부분을 차지하는 운하통행료와 관련 금융·물류 서비스 산업이 직·간접적으로 축소될 수 있는 상황이다. 결국 세계 해상 물동량의 약 5%, 동북아시아와 미국 동부 해상 물류의 46%를 이동시킨 대서양-태평양 연결 수로가 좁아졌다. 이미 일부 선박은 최소 수주 이상의 운송 시간 증가와 비용 상승을 감수하고 남아메리카 끝단의 드레이크해협으로 우회하기 시작했다.

기후위기에 따른 물류 병목현상은 파나마만의 문제가 아니다. 2023년 가을 세계에서 가장 넓은 강이자 일 년 내내 풍부한 수량을 자랑하는 아마존강이 극심한 가뭄에 메마르며, 120년여

만에 가장 낮은 수위를 기록했다. 아마존강에 의존하던 브라질 지역 물류는 마비됐다. 2023년 10월 미국 미시시피강은 미국 중부 가뭄으로 수위가 역대 최저 수준으로 떨어져 내륙 물류 운송에 비상이 걸렸다. 2022년 독일은 500년 만에 유럽을 강타한 최악의 가뭄으로 라인강 수위가 낮아져 선박 용량의 25%만 운항할 수밖에 없었다.

혈관 벽에 콜레스테롤이 쌓이면 혈관이 좁아지며 동맥경화로 이어진다. 화석연료의 오남용으로 탄소가 쌓이면 물류의 길이 좁아지고 병목현상으로 이어진다. 콜레스테롤 섭취가 가능한 음식을 줄이듯, 우리는 탄소 배출이 많은 연료 사용을 줄여야 한다. 그것만이 세계 물류의 동맥경화를 막을 수 있다.

한국 재생에너지, 해가 뜨긴 할까요

일본 열도를 이루는 4개 주요 섬 중 하나인 홋카이도(북해도)는 일본 북단에 있다. 크기는 남한 면적의 약 80%에 달한다. 그에 비해 인구는 일본 전체 인구의 4% 정도인 약 510만 명에 불과해 인구밀도가 낮다. 농수산 및 낙농, 관광산업의 비중이 크고 제조업의 비율은 낮다. 이 넓은 땅이 한적한 상태로 남아 있는 이유는 일본에서 가장 혹독한 겨울이 이곳에 찾아들어서다. 겨울이 되면 상상 이상의 눈이 내려 홋카이도는 '겨울왕국'으로 변신한다. 오호츠크해의 습기를 머금은 해풍이 홋카이도에 눈을 쏟아내는데, 대표 도시인 삿포로의 연평균 강설량은 600cm에 이른다.

2023년부터 한적한 홋카이도가 분주해지며 새로운 도시로 변하고 있다. 일본 반도체 파운드리 회사인 라피더스가 홋카이도 지

이 글은 2024년 4월 8일 자 기사(《주간경향》 1572호)를 바탕으로 작성되었으며, 당시 기준 한국 재생에너지 발전량 비중이 OECD 회원국 중 꼴찌를 기록한 내용을 배경으로 작성했다. 본문에 언급된 수치와 사건들은 모두 그 시점 기준이다.

일본 홋카이도의 풍력발전단지 | 픽사베이

토세시에 공장을 만들고 있기 때문이다. 반도체 관련 인프라가 부족한 홋카이도에 웬 파운드리 공장을 지을까? 이는 기후위기에 따라 변화하는 미래 시장과 관련이 있다. RE100(재생에너지 100% 사용) 등 친환경에너지 사용이 반도체 산업에 영향을 주고 있는데, 홋카이도는 풍력·태양광 발전량이 풍부해 관련 규제를 피해 가는 데 유리하다.

기후위기 대응은 지구촌 공통 과제다. 온실가스 배출을 통한 지구온난화 문제는 국가의 경계를 넘는 문제이기 때문에 모든 국가가 협력하고 세계적으로 대응하는 것이 중요하다. 이에 맞춰 RE100으로 대표되는 '녹색 규제'가 지구촌에 속속 등장하고 있다. 예를 들어 애플, BMW 등 글로벌 기업들은 RE100을 선언했고,

관련 협력업체에도 RE100을 요구하고 있다.

동시에 전 세계 나라들이 기후위기 대응이라는 명분과 자국 사업 보호라는 산업정책을 융합시키고 있다. 기후변화 대응책이 산업정책 및 공급망 재편과 결합하면서 보호주의 성격의 무역 장벽으로 확산하는 것이다. 2022년 미국이 '인플레이션 감축법(IRA)'을 도입하자 2023년 프랑스는 '녹색 산업법'을 도입했다. 특히 유럽연합(EU)이 확정한 탄소국경조정제도(CBAM) 본격 시행이 코앞(2026년)으로 다가왔다. 이 제도는 유럽 수입 제품의 탄소배출량이 유럽 내 생산 동일 제품보다 많으면 초과 배출량에 대해 인증서를 사도록 강제한다. 저탄소 제품이 아니면 유럽의 국경을 넘기 어려워진다.

경쟁이 치열한 글로벌 태양광 발전

2024년 국제에너지기구(IEA) 보고서에 따르면, 세계 에너지 확대 시장의 중심에 재생에너지가 있고, 특히 태양광이 그 한가운데 있다. 세계 태양광발전이 2022년 228GW에서 2023년 420GW로 84% 늘어났다. 풍력발전 역시 2022년 74GW에서 2023년 117GW로 58% 증가했다. 원자력발전은 태양광·풍력발전 대비 미미한 수준이고, 2022년 7.9GW에서 2023년 5.5GW로 규모가 줄었다.

미국 에너지정보청(EIA)은 2024년 설치되는 자국 신설 발전 용량은 모두 62.8GW로 태양광, 배터리 저장소, 풍력, 천연가

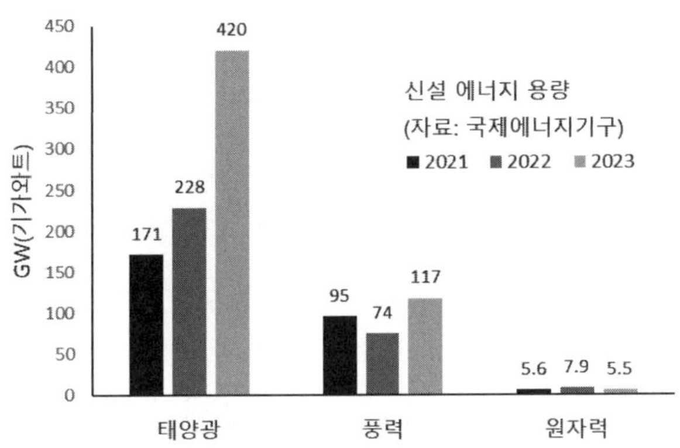

글로벌 신설 에너지 용량

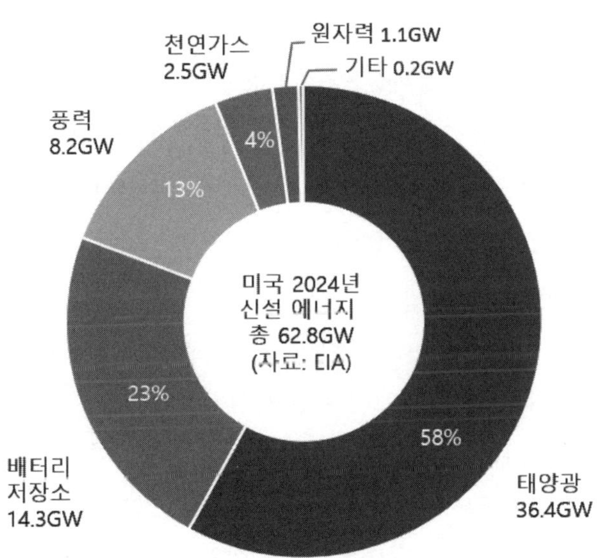

2024년 미국 신설 에너지 용량

물, 에너지, 그리고 전환

스, 원자력의 발전 예상 용량은 각각 36.4GW, 14.3GW, 8.2GW, 2.5GW, 1.1GW라고 발표했다. 가장 큰 비중(58%)을 차지하는 태양광을 포함해 재생에너지는 94%를 차지했다. 특히 태양광은 전해 발전 용량(18.4GW) 대비 두 배에 이른다.

글로벌 태양광발전 분야는 계속 빠르게 성장할 것으로 보인다. 에너지 전문 시장조사 업체인 블룸버그NEF의 보고서는 2024년 전 세계 태양광 설치 용량이 574GW에 달할 것이라 전망하며 작년 대비 130% 성장을 예상했다. 그리고 이 추세는 향후 지속할 것으로 봤다.

OECD 꼴찌 한국 재생에너지

이에 반해 한국 상황은 암울하다. 2022년 기준 국내 재생에너지 발전량 비중은 7.7%로, 38개 OECD 회원국 중 꼴찌를 기록했다. 수자원이 풍부한 북유럽 등 국가들을 제외하더라도 주요 선진국인 독일(43.5%), 영국(41.4%), 프랑스(24.5%), 미국(22.3%), 일본(22.0%)과도 큰 차다.

한국에너지공단이 2023년 12월에 발표한 자료에 따르면 2022년 한국의 신·재생에너지 신규 설비용량은 3.8GW로 전년도(4.5GW)보다 16.9% 줄었다. 세계 각국이 경쟁하며 재생에너지를 보급하는데 한국은 용량이 오히려 줄었고, 그 감소율도 상당하다. 한국에너지공단의 발표 시점은 재생에너지의 국내 위상을 동시에 보여준다. 2021년 대비 2022년의 증감률을 1년이 지난 2023년 말

에야 발표했다. 시시각각 변하는 글로벌 재생에너지 확보 경쟁에서 한국은 자국의 현 위치를 바로 알지 못한다.

재생에너지 비중이 10%를 밑도는 한국이 국제사회 압박을 피하고자 꺼낸 비장의 카드가 있다. 'CF100(Carbon Free 100%)' 또는 'CFE(Carbon Free Energy)'라는 무탄소 에너지 캠페인이다. 무탄소 에너지란 재생에너지뿐만 아니라 탄소를 배출하지 않는 원전과 청정수소, 탄소 포집·저장(CCS) 등을 포괄하는 개념이다. 태양열이나 풍력, 수력 같은 재생에너지만을 100% 사용하자는 RE100과 다르다. RE100은 원전이나 수소를 재생에너지로 인정하지 않는다. RE100의 대항마 성격을 띤 CF100은 실질적으로 원자력 중심의 에너지 정책을 지향한다.

한국이 제시한 새로운 표준이 국제사회에 잘 먹힐까. 유럽 기업의 RE100 준수 요구로 인해 한국 기업의 수출(납품)이 취소됐다는 소식이 심심찮게 들린다. 세계 1위 반도체 장비 기업인 네덜란드 ASML(반도체 초미세 공정에 필수적인 극자외선 노광장비를 생산하는 세계 유일 기업)은 "2040년까지 고객 업체들을 포함한 모든 생산·유통 과정에서 RE100을 달성하겠다"고 2024년 연간 보고서에서 밝혔다. 삼성전자와 SK하이닉스 같은 국내 반도체 기업들에는 국내 낮은 재생에너지 사용 비율로 발등에 불이 떨어졌다. 석탄 화력이나 원전, LNG 발전으로 만든 반도체는 앞으로 외국에 팔기 어렵다는 뜻이기 때문이다. 자칫 반도체 글로벌 공급망에서 한국이 '왕따'가 될 수도 있다.

공교롭게도 옆 나라 일본은 2024년에 '거품 경제' 시절 달성한 최고치 주가 기록을 34년 만에 갈아치웠다. 일본 반도체 관련 주들이 시세를 끌어올리며 '잃어버린 30년'으로 불리는 장기 경제 침체에서 벗어나고 있다. 한동안 죽어 있던 일본 반도체가 기후변화로 바뀌는 시장 분위기 속에 RE100이라는 새 옷을 입고 살아나는 모양새다.

지구온난화로 인한 기후재난이 본격화되면서 이에 대응하기 위한 글로벌 경제·사회 구조의 기본 축이 변하고 있다. 기후변화에 더 빨리 대응할 수 있는 국가와 기업이 시장의 주도권을 잡으며 경쟁하고 있다. CF100이라는 낯선 깃발을 들고 풍차를 향해 돌격하는 돈키호테를 국제사회는 따를까. 재생에너지 발전에서 이미 압도적으로 앞서가는 기업과 국가가 RE100을 포기할까. RE100은 기업, 국가, 국민이 죽고 사는 문제다.

최근 국내에서도 변화의 바람이 불고 있다. 2025년 6월 시작한 새 정부는 RE100 인프라 확대를 국정의 최우선 과제로 삼는 동시에, 첨단 산업의 전력 수요를 감당하기 위해 제한적인 CF100(원전) 수용이라는 실용주의적 타협안을 시험대에 올렸다. 2026년 산업부 예산안에서 재생에너지 관련 예산이 전년 대비 약 41.6% 급증했다. 폭발적으로 성장하는 AI 에이전트 및 데이터센터 관련 기술의 막대한 에너지 수요를 감당하기 위해, 가동 중인 원전의 수명 연장과 소형모듈원전(SMR) 연구 개발 예산을 유지 및 일부 증액하며, 재생에너지와 원전을 상호 배척하는 것이 아닌 '보완재'로 두는 정책을 펼치고 있다.

기후위기 시대 인공지능

2016년 알파고와 이세돌 9단의 대결은 바둑의 패러다임을 바꿀 만한 충격을 주며 인공지능(AI)이 몰고 올 4차 산업혁명의 서막을 알렸다. 2024년 5월 13일 챗GPT 개발사 OpenAI는 새로운 인공지능 모델 'GPT-4o(GPT-포오)'를 공개하며, 인공지능 발전의 또 다른 도약을 보였다. 새 모델명의 'o'는 모든 것을 뜻하는 라틴어 '옴니(omni)'에서 왔다. 텍스트를 통해 대화할 수 있었던 기존 모델과 달리 이용자와 실시간 음성 대화를 통해 질문하고 답변을 요청할 수 있는 새로운 모델이다.

알파고를 필두로 인공지능은 사람 곁으로 바짝 다가와 많은 영향을 끼치고 있다. 사람이 풀기 어려운 문제들에 답변을 제공한다. 학생, 회사원, 연구원의 숙제와 보고서 작성에 도움을 준다. 친

이 글은 2024년 6월 10일 자 기사(〈주간경향〉 1581호)를 바탕으로 작성되었으며, 당시 OpenAI사의 새로운 인공지능 모델과 기후위기 시대 영향에 대해 작성했다. 본문에 언급된 수치와 사건들은 모두 그 시점 기준이다.

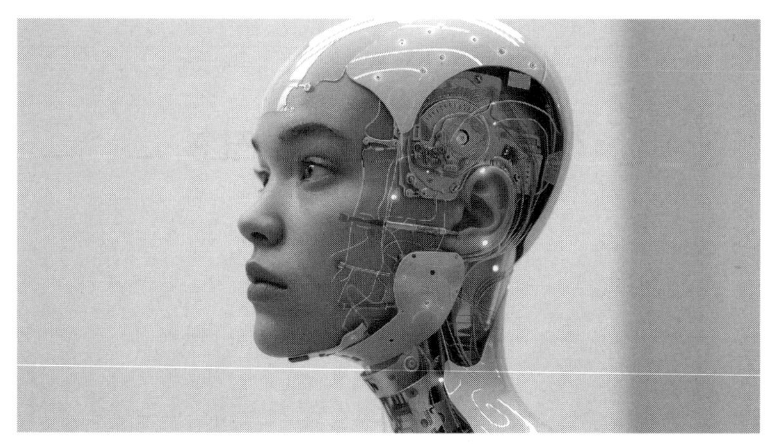

인공지능이 만들어낸 가상 여성 이미지 | 픽사베이

절한 선생님, 유능한 직장 동료, 학자로 대화 상대가 되어 문제를 풀어준다. 기존의 인공지능은 혁신적이었지만, 부족한 부분도 존재했다. 무엇보다 인간의 표현 방식과 차이가 있어 어딘가 부자연스러운 면이 있었다.

2024년 공개된 GPT-4o 시연을 보면서 나는 놀라움을 넘어 두려움을 느꼈다. GPT-4o와의 대화는 사람과 대화하듯 자연스레 이어진다. 말하는 와중에 끼어들 수 있고, 여러 명의 목소리도 동시에 인식한다. 응답하는 데 걸리는 시간은 사람과 거의 비슷한 수준이다. 목소리, 감정, 톤을 다양하게 바꿔가며 대화하는 이와 복잡한 상호작용도 가능하다. 인공지능을 다룬 영화 〈그녀(Her)〉(2013)에서 주인공과 사랑에 빠지는 AI 운영체제 '사만다'가 현실이 됐다. 실제로 시연회 인공지능의 목소리는 영화 속 그녀의 목소리와 비슷했다.

순간 고민에 빠졌다. 어느 순간 인격체의 가면을 쓰고 나타난 인공지능은 누구인가? 그것은 인간의 삶에 약인가, 독인가? 인류가 접하는 기후위기 시대에 인공지능은 어떤 영향을 미칠까?

심각해지는 기후위기

인공지능의 발전 속도만큼이나 지구 온도 상승 속도도 거침이 없다. 2024년 4월까지 11개월 연속 '역대 가장 더운 달' 기록을 경신 중이다. 기온이 올라가면 대기는 더 많은 수분을 보유하고 지구 물순환 사이클에 영향을 미친다. 따뜻한 대기는 대지 표면을 건조하게 해 산불의 위험을 높인다. 증발하는 물의 양과 다시 비의 형태로 대지에 돌아오는 물의 양이 증가해 극한 폭우의 가능성을 높인다. 건조한 대지는 단단해지고 폭우와 함께 홍수의 위험을 키운다. 2024년 브라질에 내린 기록적인 폭우와 홍수로 200만 명에 가까운 사람이 피해를 본 원인도 지구온난화로 인한 기후위기 때문이었다.

따라서 기후위기로 발생할 극한 폭우를 예측하는 것이 중요해졌다. 날씨 예보와 폭우 예측은 물리적 수치 모델링에 기반한, 많은 가정과 조건(초기조건, 경계조건, 모델 단순화)이 포함된 어려운 시뮬레이션이다. 데이터가 풍부하고 컴퓨터 성능이 강력할수록 정확도와 계산 속도는 높아지지만 100% 정확한 예보를 기대하긴 어렵다. 특히 지구온난화가 시작되고 대기가 더 많은 수분을 보

유하면서 마치 '물 폭탄'을 다루듯, 더 민감하고 더 복잡한 문제가
됐다.

날씨를 예측하는 인공지능

인공지능은 이런 어려운 문제를 풀어가는 데 도움을 준다. 기
후 모델을 개선하고, 장기적인 기후변화 예측, 홍수 예보 등에서
정확성을 높일 수 있다. 2023년 학술지 〈사이언스〉에 인공지능을
활용한 날씨 예측 방법이 논문으로 실렸다. '인공지능을 적용한 일
기예보 시스템 그래프캐스트(GraphCast)'가 그것인데, 2016년 인공
지능 알파고를 개발했던 구글 딥마인드 팀이 이 시스템을 개발했
다. 그래프캐스트 역시 알파고와 마찬가지로 1979년부터 2017년
까지 38년에 걸친 기상관측 데이터를 딥러닝으로 학습한 뒤 이를
토대로 최근 기상관측 데이터의 패턴을 분석해 날씨를 예측한다.

그래프캐스트의 주간예보는 최고의 수치 모델을 사용하는 유
럽중기기상예측센터(ECMWF)의 예측값보다 더 정확했다. 1,380개
항목 가운데 90%에서 실제에 더 가까운 값을 내놓았다. 그래프캐
스트는 노트북에서 단 몇 분 만에 결과를 도출했다. 유럽중기기상
예측센터 수치 모델은 100만 개의 프로세서가 장착된 슈퍼컴퓨터
로 몇 시간 동안 계산해야 하는 값이었다.

하지만 날씨는 본질적으로 100% 예측이 불가능하고, 알파고
처럼 그래프캐스트의 결과를 개발자들조차 이해하지 못하는 어려
움이 있다(이런 이유로 딥러닝 방식의 예측을 블랙박스라고도 부른다). 특

히 인공지능은 과거의 데이터에 의존해 미래를 예측하기에 과거에 없었던 이상 기후 현상을 예측하는 데 한계가 있다. 예를 들어 인공지능으로부터 이해할 수 없는 극한 기후의 결과가 나왔고, 그것이 많은 인명에 영향을 미치고 많은 예산이 필요한 결정이라면, 이를 얼마만큼 신뢰해야 하는지 의문이 생긴다. 알파고처럼 한 번 틀려도 되는 바둑 경기가 아니기 때문이다.

그래서 유럽중기기상예측센터는 기존 수치 모델을 완전히 대체하는 대신 그래프캐스트를 보완적으로 이용한다. 기존 방식으로는 계산하기 어려운 특정 유형의 날씨 예측, 가까운 시간의 강우량 등을 예측하는데, 그래프캐스트의 빠른 계산 결과를 보완적으로 이용한다. 추후 그래프캐스트의 기여도는 높아질 것으로 보인다. 그래프캐스트가 기상 결과를 계속 학습하면서 예측 정확도를 높이기 때문이다. 마치 알파고가 이세돌 9단에게 한 번 경기에 패배한 후 자신의 약점을 찾아내 학습하고 더 이상 인간에게 패배한 적이 없는 것처럼.

전기 먹는 하마

인공지능 발전의 어두운 면도 존재한다. 챗GPT 같은 생성형 인공지능은 개발·운영 과정에서 막대한 전력이 소요되기 때문에 '전기 먹는 하마'로 불린다. 한 연구에 따르면 구글 검색에 평균 0.3Wh의 전력이 쓰일 때 생성형 AI 챗GPT는 그보다 열 배에 가까운 2.9Wh의 전력이 필요한 것으로 조사됐다. 한 개의 AI 모델 훈련에 필요한 전기는 일반 가정 100가구의 연간 전기 사용량을 초과한다는 추산도 있다. 국제에너지기구(IEA)는 AI 개발과 유지에 필수인 데이터센터 전력 사용량이 2026년 최대 1,050TWh에 달할 것으로 예상했다. 지난 2022년 전력 사용량이 460TWh였는데 4년 만에 두 배 이상으로 뛰는 셈이다. 인공지능 발전이 당장 화석연료 발전의 의존도를 높이며, 기후변화 대응에 독이 되고 있다. 또한 인공지능에는 표절과 가짜뉴스 위험이 있고, 내재된 오류와 편견의 문제도 수반한다. 인공지능이 바꿀 산업 지형, 일자리 문제도 함께 풀어야 할 숙제다.

2024년 기준 지구 평균 지표면 온도는 1850~1900년 평균보다 1.45도 높다. 지구 기온 상승폭 1.5도라는 임계점이 이제 바로 앞에 있다. 인공지능도 계속 진화하며 다시 돌아올 수 없는 임계점을 목전에 두고 있다. 이 인공지능이 기후위기로 위협받는 우리의 삶에 약이 될 것인가, 독이 될 것인가. 두 개의 판도라 상자가 동시에 열리고 있다.

기후위기에 대응하는 댐?

미국 캘리포니아에서 라스베이거스로 가는 길은 사막이다. 햇빛과 모래만 무한히 반복되는 이곳은 태양의 열기로 모든 것이 녹아 없어지는 진공 같은 공간이다. 이 공간을 무한히 달리다 보면 홀연히 나타나는 초현대적인 도시 라스베이거스가 있다. 지치고 힘든 여정 끝에 거짓말처럼 나타난 네온사인의 열기는 여행자를 환락과 도박으로 유혹한다. 휘황찬란하게 빛나는 도시의 야경을 보면 이곳이 왜 '죄악의 도시(Sin City)'로 불리는지 알게 된다. 공항에서부터 편의점, 차를 주유하기 위해 들른 주유소에도 있는 슬롯머신이 도시의 정체성을 드러낸다. 매년 4,000만 명의 관광개이 방문하는 라스베이거스는 여가활동, 쇼핑, 컨벤션 센터를 결합한 세계적인 관광 도시로 성장 중이다.

이 글은 2024년 9월 16일 자 기사(《주간경향》 1595호)를 바탕으로 작성되었으며, 당시 한국 환경부의 기후대응댐 논쟁을 배경으로 작성했다. 본문에 언급된 수치와 사건들은 모두 그 시점 기준이다.

후버댐은 미국 네바다주와 애리조나주 경계에 위치한 콜로라도강 중류의
그랜드캐니언 하류, 블랙캐니언에 건설된 중력식 아치댐이다. | 픽사베이

비가 거의 오지 않는 사막에 우뚝 솟은 라스베이거스 빌딩 숲을 보면 의문이 든다. 어떻게 물과 전기를 이렇게 큰 도시에 공급할 수 있을까. 답은 도시 동쪽에 있는 후버댐에 있다. 후버댐은 1930년대 대공황으로 무너졌던 미국 경제를 일으킨 미국 뉴딜(New Deal)정책의 상징이다. 콜로라도강의 협곡을 막아 세운 이 댐은 높이 221m, 길이 411m의 큰 규모를 자랑한다. 한국 63빌딩 높이와 비슷한 콘크리트 구조물이 로키산맥에서 발원한 물줄기를 막아선 모양이다. 이 댐의 완공으로 미드호(Lake Mead)가 만들어졌는데, 서울시의 크기와 비슷한 거대 인공호수다. 댐의 저수량은

약 320억t으로 국내 최대 규모인 소양강댐 저수량(29억t)의 열 배가 넘는다. 댐 건설 후 라스베이거스뿐만 아니라 미국 서부지역의 주요 상수원이 됐다. 2,080㎿의 발전 용량을 갖추고 있어 건설 당시 세계 최대 수준의 수력 발전 용량을 자랑했고, 지금도 주변 지역에 전력을 공급한다. 후버댐에서 공급받는 물과 전기가 화려한 '불야성' 라스베이거스를 만들고 있다.

문명의 성공 요소, 치수

인류의 큰 도시들은 물의 접근이 용이한 강을 중심으로 성장했기에 재앙적인 홍수의 피해에 고스란히 노출될 수밖에 없다. 이에 물을 통제하고 공급 확대에 성공한 소수 문명만이 번영과 정치적 활력을 얻었다. 특히 댐은 과도한 강수량을 일시적으로 막아 하류 지역으로 급격한 방출을 방지하고 홍수 위험을 줄여 인구 밀집 지역이나 농업지대에 피해를 최소화한다. 또한 가뭄 시기에 물을 방출해 농업, 산업, 가정용 물 공급을 안정적으로 관리한다. 수력발전을 통한 전력 생산은 화석연료에 의존하지 않는 청정에너지로 태양광이나 풍력과 함께 기후위기 시대에 중요한 재생에너지다. 대공황 시기에 건설된 후버댐처럼 대형 토목공사는 국가가 심각한 불황에서 빠져나오는 방법으로도 잘 이용된다. 건설 자재를 구입하는 과정에서 돈이 풀리고, 공사 인력을 구하는 과정에서 실업이 줄고, 새 일자리를 얻은 사람이 돈을 쓰면서 경기 부양이 종합적으로 이뤄지기 때문이다.

후버댐 같은 성공사례는 국가를 운영하는 이들의 마음을 끌어당긴다. 2024년 7월 30일 한국 환경부는 무려 열네 개의 댐을 건설하겠다는 계획을 밝혔다. 낙동강 권역이 여섯 곳으로 가장 많고, 한강 권역 네 곳, 영산강·섬진강 권역 세 곳, 금강 권역 한 곳이다. 용도별로는 다목적댐 세 곳, 용수전용댐 네 곳, 홍수조절댐 일곱 곳이다. 환경부는 기후위기로 인한 극한 홍수와 가뭄에 대응하고, 미래 용수 수요 등을 뒷받침하기 위한 건설이라 설명했다. 2022년 서울 동작구와 2024년 7월 전북 군산의 집중호우처럼 짧은 시간에 강한 비가 집중돼 피해가 자주 발생하고, 이와 반대로 2022년 남부지방의 극단적인 가뭄처럼 생활·산업 용수가 부족할 때를 대비하기 위함이다. 이름도 '기후대응댐'이라 했다.

기후대응댐의 모순

위의 주장은 일견 맞아 보인다. 기후위기로 인한 홍수와 가뭄을 대비해 물 저장고를 늘리는 댐을 건설하는 것은 나름 타당성을 가지고 있다. 하지만 의문이 있다. 일부의 사실을 가지고 전체를 일반화하는 오류를 범하고 있기 때문이다.

첫째, 댐으로 늘린 물 저장공간은 극한 홍수에 버틸 수 있는 '몸집'을 키울 수 있지만, 댐 하류 쪽의 폭우에는 원천적으로 대응할 수 없다. 댐의 기능은 상류에 쏟아지는 폭우를 잠시 진정시키는 것으로 제한되기 때문이다. 환경부 발표에서 언급됐던 2022년 서울 서남부 일대 반지하주택 참사나 2023년 충남 오송 지하차도 참사 등의 사례는 댐과 상관없이, 제방이나 배수 쪽 시설의 미비가 문제였다. 그리고 극단적으로 변화하는 기후 패턴으로 설계 범위를 넘어서는 홍수를 어떻게 고정적인 댐 건설로 통제할 수 있을지 의문이다. 설계 범위를 넘어서는 홍수가 발생하면 댐은 그대로 물폭탄이 되기 때문이다. 2023년 9월 1만 명 이상이 사망하고 1만 명 이상이 실종된 리비아 대홍수 사태도 믿었던 댐 붕괴로 물이 쏟아지면서 시가지를 쓸어버린 결과다. 극한 홍수에 대비해 늘렸던 몸집이 오히려 더 큰 재앙으로 폭발할 수도 있는 것이다.

둘째, 극한 가뭄에 대비한 수량 확대를 강조하면서 댐 건설이 초래할 수질 고민은 빠졌다. 댐을 통한 물 흐름의 정체는 남조류 같은 수질 문제를 악화시킨다. 물이 더러우면 아무리 그 양이 많아도 쓸모가 없다. 댐을 잘못 건설하면 어떤 부작용이 빚어지는지 영주댐이 잘 보여준다. 내성천을 훼손하며 무리하게 추진된 영주댐 건설은 녹조현상이 극심해지고 수질만 악화시키는 결과를 가져왔다. 또한 댐 건설에 따른 경제적 비용 부담, 하천 생태계 파괴, 지역주민 피해 등에 대한 사회적 합의도 고민에서 빠져 있다.

셋째, 1990년대를 고비로 국내에서 대형 댐 건설이 가능한 입지가 포화상태에 이르렀고 생태계 파괴 등에 대한 반감이 커졌다. 오랜 논의 끝에 2018년 문재인 정부의 환경부는 댐 정책의 패러다임을 '건설'에서 '관리'로 바꾸고, 국가 주도의 대규모 댐 건설은 중단한다고 발표했다. 2024년 환경부의 댐 후보지 발표는 과거의 정책을 뒤집은 것이다. 6년도 되지 않은 시간에 14개의 댐이 왜 갑자기 필요해졌을까. 환경부는 기후대응댐이 '과학적'이라고 여러 번 강조했지만, 구체적으로 어떻게 과학적으로 홍수 조절이 이루어지고 용수 확보가 해결되는지는 알려지지 않고 있다. 예를 들어, 홍수 조절용 일곱 개 댐 중 규모가 가장 큰 것이 울산 울주의 2,200만 규모의 회야강댐인데, 소양강댐의 130분의 1에 불과한 규모로 극한 홍수를 방어할 수 있을지 의문이다.

기후위기 홍수 관리는 기존의 제방이나 배수, 댐을 보강하는 것이 먼저다. 그런 뒤에도 새로운 댐이 꼭 필요하면 체계적인 종합 환경평가를 거치고 객관적인 전문가의 평가를 받아 하나씩 건설해야 한다. 구체적 검증 없이 14개의 댐이 동시에 필요하다고 주장하는 것은 비과학적인 논란과 오해만 일으킬 뿐이다. 2025년 정부는 14곳의 기후대응댐 중 7곳을 취소했고 나머지 7곳에 대해 필요성 검토 등을 거쳐 추진 여부를 결정하기로 했다.

땅이 보내는 경고, 노후 인프라와 싱크홀

　일본 도쿄 도심에서 북쪽으로 약 20km 떨어진 야시오시는 인구 9만 명의 소도시다. 서민 주택과 중소기업 공장이 밀집한 수도권 위성도시로 알려져 있다. 그런데 2025년 1월 28일 야시오시 중심부의 한 교차로에서 갑자기 땅이 꺼지며 직경 5m, 깊이 10m의 싱크홀이 생겼다. 지나가던 트럭 한 대가 함께 추락했고, 트럭에 타고 있던 70대 남성 운전사는 실종됐다.

　사고 다음 날인 1월 29일, 구조 작업 도중 추가 붕괴가 발생했다. 새로운 싱크홀이 전날 발생한 싱크홀과 합쳐지면서 직경 40m, 깊이 15m까지 커졌다. 하마터면 복구 및 구조 인력이 사고에 휘말릴 수도 있는 위험한 상황이었다. 인근 음식점의 간판과 전봇대가 땅속으로 빨려들어 가는 장면이 언론사 카메라에 포착되며, 이 사

이 글은 2025년 3월 17일 자 기사(《주간경향》 1619호)를 바탕으로 작성되었으며, 당시 발생한 일본 시마타현 대형 싱크홀과 국내 유사 사고들을 배경으로 작성했다. 본문에 언급된 수치와 사건들은 모두 그 시점 기준이다.

고는 전 세계 뉴스와 소셜 미디어에서 큰 화제가 됐다.

애초 단순한 지반 침하 사고로 보였지만, 싱크홀이 점점 확장되면서 수습은 끝나지 않았다. 일본 당국은 도로 아래를 지나는 하수도관이 파손되면서 싱크홀이 발생한 것으로 보았다. 파손된 하수도관에서 오수가 계속 유출되며, 추가적인 지반 붕괴 가능성도 있어 복구 일정도 불투명했다. 특히 지름 4.75m의 대형 하수도관에서 흘러나오는 오수와 황화수소로 인한 악취 탓에 접근조차 어려운 상황이었다. 전문가들은 하수도관을 완전히 복구하는 데 최소 2~3년이 걸릴 것으로 전망했다.

국내에서도 유사한 사고가 발생했다. 2024년 9월 21일, 부산 사상구 학장동의 도시철도 사상-하단선 공사 현장 인근에서 싱크홀이 발생해 안전센터의 배수 지원차와 5t 트럭이 깊이 8m 아래로 추락했다. 당시 배수 지원차는 인근에 발생한 싱크홀에 고인 물을 빼내기 위해 작업 중이었으며 다행히 소방대원이 차량에 탑승해 침착하게 대응한 덕분에 인명 피해는 발생하지 않았다. 대형 참사로 이어지지는 않았지만 해당 공사 구간에서는 전해에만 여덟 차례나 싱크홀이 발생해 지반 안정성 문제가 지속적으로 제기되고 있다.

도시를 위협하는 싱크홀

싱크홀이 일상의 위협이 되고 있다. 싱크홀은 땅 표면이 여러 가지 이유로 내려앉아 구멍이 나거나 커다란 웅덩이가 생기는 현상을 의미한다. 싱크홀은 기본적으로 지하수의 압력 등 지반환경 변화로 발생하지만, 노후화된 상하수도의 누수 같은 '인공 지하수'에 의한 지반환경 변화로 발생하기도 한다. 깊이 약 2m 이내에 묻혀 있는 노후된 상하수관로의 누수로 인한 토사 유실로 얕은 깊이에 공동(空洞)이 발생할 수 있다. 지하 터 파기 공사나 터널 공사 시 차수와 보강이 미흡할 경우, 공사장 인근의 지하수가 유출돼 깊은 하부의 대규모 공동이 생길 수도 있다. 이런 경우 지표면에 싱크홀이 발생한다.

기후위기는 싱크홀 발생을 촉진시키는 환경 변화를 일으킨다. 극한 가뭄이 지속되면 지하수 남용과 호수 수위 저하로 인해 지반의 지지력이 약해져 싱크홀이 발생할 가능성이 높아진다. 반대로 집중호우로 지하수 흐름이 변하고 토사가 유실되어도 싱크홀이 형성될 수 있다. 실제로 국내에서도 6~8월 집중호우 시기에 싱크홀 신고가 한 해 신고량의 절반 가까이 차지한다. 기록적인 여름 강수량(1,037mm)을 기록했던 2020년에는 싱크홀이 급증했다. 또 시베리아와 캐나다에서는 지구온난화로 영구동토층이 녹아 지반이 유실되거나 가스가 유출되며 싱크홀이 발생하고 있다. 노후화된 상하수관과 더불어 기후위기가 싱크홀 형성을 촉진하는 주요 요인임을 보여준다.

국토교통부에 따르면, 면적 $1m^2$ 이상 또는 깊이 1m 이상의 지반침하로 인해 사망·실종 또는 부상자가 발생한 국내 싱크홀 사고는 2018년 338건, 2019년 192건, 2020년 284건, 2021년 136건, 2022년 177건 발생했다. 이는 이틀에 한 번꼴로 싱크홀이 발생한 셈이다. 서울, 부산 같은 국내 대도시의 경우 상하수관로의 손상과 부적절한 지하 굴착으로 지하 공동이 형성됐고, 여름철 집중호우로 공동 주변의 토사가 휩쓸리면서 지표면이 무너지는 사례가 많았다.

노후 상하수도관의 경고

상하수도관 같은 인프라는 건설 후 일정 시간이 지나면 대대적인 수리나 교체가 필요하다. 그러나 재정적 부담으로 쉽지 않은 상황이다. 일본 정부의 경우, 과거 고도 성장기에 조성된 사회간접자본(SOC)이 1992년 84조 엔으로 정점을 찍은 이후 점차 감소하며 노후화가 진행되고 있다. 일본 정부 자료에 따르면, 2030년이 되면 설치된 지 50년이 넘는 하수도관이 전체의 16%에 달할 것으로 예상된다. 이러한 노후화로 인해 싱크홀 등 사고 발생이 더욱 빈번해질 가능성이 크다.

국내에서도 노후 시설로 인한 싱크홀 우려가 커지고 있다. 연간 6,900억 원 상당의 수돗물이 노후된 상하수도관에서 새고 있으며, 이는 지반 침하의 원인이 되기도 한다. 현재 전국에 매설된 상하수관로 40만km 중 매설 후 20년이 지난 노후관은 10만km에 달한다. 특히 대구광역시(68%), 서울특별시(66%), 광주광역시(60%), 대전광역시(54%) 등 대도시에서 노후 비율이 높게 나타나고 있다.

노후관을 자주 교체하는 것이 최선의 해결책은 아니다. 수도관이 20년이 지났다고 해서 누수가 발생하는 게 아니기 때문이다. 일본의 50년, 한국의 20년처럼 단순히 매설 연도를 기준으로 노후도를 평가하는 것은 한계가 있으며, 예산 조정 또한 쉽지 않다. 미국 환경청(USEPA)은 상수도관의 사용 연한을 50년까지는 '우수', 75년까지는 '양호' 등급으로 평가한다. 실제로 미국 로스앤젤레스의 상수도관 중 20%는 84년 이상 사용됐으며, 캐나다 토론토에서는 27%가 80년을 초과했다. 북미의 상수도관도 매설된 지 오래된 경우가 많지만 정기적인 누수, 수압, 수량, 수질 검사와 디지털 인프라를 활용한 정량적 평가를 통해 지속적으로 관리가 되고 있다.

싱크홀을 막기 위해서는 단순히 구멍을 메우는 것이 아니라 근본적인 원인을 해결해야 한다. 노후 인프라를 정기 점검하고, 정밀히 유지 관리하며, 필요한 시기에 교체해야 한다. 또한 지하수를 안정적으로 관리하며 기후변화에 대비한 도시 계획을 세워야 한다. 이는 단순히 예산의 문제가 아니라 기후위기 시대 우리의 미래를 위한 투자다.

싱크홀은 우리에게 묻는다. 과연 우리의 땅은 안전하냐고.

5부

정치와 국제 질서

전쟁, 권력, 기후

기후위기는 정치와 국제 질서를 흔드는 거대한 변수다. 선거의 쟁점에서 전쟁터의 배경까지, 기후는 권력과 국제 협상에서 중요한 무기가 되고 있다. 이 부에서는 기후가 더 이상 환경의 문제가 아닌 정치와 외교의 핵심 사안임을 보여준다.

정치의 핵심 의제, 기후변화

2021년 9월 20일 내가 사는 캐나다에서 총선이 있었고, 트뤼도 총리가 이끄는 자유당이 가장 많은 의석을 차지하며 재집권에 성공했다. 경제, 기후변화, 헬스케어 등은 선거에서 항상 주목받는 이슈였지만, 당시 선거에서는 기후변화가 단연 뜨거운 감자였다. 연방 탄소세, 기후변화 플랜 등을 놓고 각 정당이 첨예하게 대립하는 상황이 연출됐다. 왜 2021년 캐나다 선거에서는 기후변화 이슈가 이리 뜨거웠을까?

2021년 캐나다의 여름은 뜨거웠다. 브리티시컬럼비아주 밴쿠버 주변의 평년기온은 22도인데, 인근 도시 리턴은 무려 49.6도를 기록했다. 캐나다 역사상 최고기온이다. 에어컨도 없이 항상 시원한 여름을 보내던 캐나다인들에게는 상상도 해보지 못한 고온이

이 글은 2021년 11월 15일 자 기사(《주간경향》 1452호)를 바탕으로 작성되었으며, 당시 필자는 캐나다 토론토에 머물고 있어 현지 상황과 보도를 직접 접할 수 있었다. 본문에 언급된 수치와 사건들은 모두 그 시점 기준이다.

었다. 이에 따른 산불과 인명피해도 많았다. 이 살인적 폭염의 원인은 '열돔'이었다. 열돔은 지열로 뜨거워진 공기가 빠져나가지 못하고 대지를 또다시 데워 온도가 올라가는 현상으로, 캐나다에서는 보기 힘든 현상이다. 기억을 되뇌면 지난겨울도 무척이나 따뜻했다. 매서운 추위로 유명한 캐나다에서 비교적 온난한 겨울은 축복일 수도 있지만 주변 많은 이들과 함께 의아해하며 대화를 했던 기억이 난다. 조금씩 지구온난화의 현실과 이에 따른 기후변화 문제를 캐나다인들은 실감하고 있고, 이것이 선거의 핵심이슈로 나타났다.

환경보호 물질에서 환경오염 물질로

당시 미국에서도 기후변화와 관련된 환경정책에 전환점이 되는 사건이 있었다. 2021년 9월 23일 조 바이든 미국 정부의 환경보호처(EPA)는 에어컨, 냉장고의 현 냉매제인 수소불화탄소(HFC) 사용과 제조를 15년 이내에 85%까지 줄인다는 시행령을 '드디어' 발표했다. 미국 환경보호처는 2023년까지 HFC에 대한 상한선을 90%로 설정했는데 이는 향후 2년 동안 기업이 HFC를 만들거나 수입할 수 있는 최대 허용량을 의미한다. 이후 추가 규제를 통해 미국은 2036년까지 HFC 사용을 85%로 축소할 예성이다.

오래전 에어컨과 냉장고를 작동시키는 냉매제는 프레온 가스로 알려진 염화불화탄소(CFC)였으나 이것이 오존층을 파괴하는 주요 원인으로 주목되면서 HFC로 대체됐다. 하지만 지구온난화

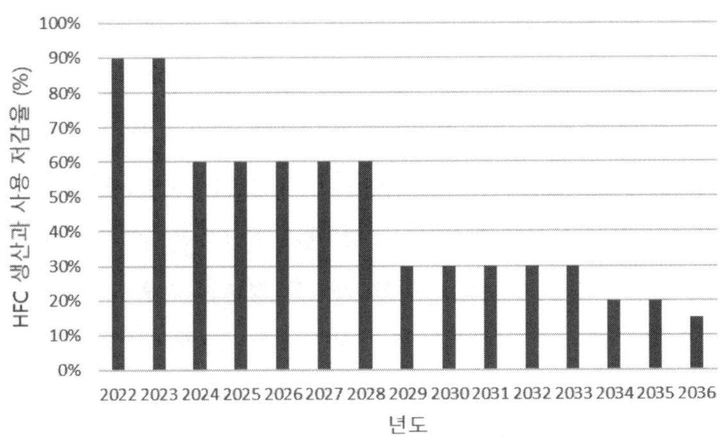

미국 HFC 생산과 사용 저감 계획

가 대두되면서 다시 HFC가 주목받기 시작했다. HFC가 지구 열의 외부 방출을 막아 온난화를 일으키는 온실가스 효과가 큰 물질로 밝혀진 것이다. 한때 오존층 파괴를 막기 위한 환경보호 물질로 개발된 HFC가 지구온난화의 주범인 환경오염 물질로 바뀐 아이러니한 상황이다.

미국의 HFC 규제 동참

HFC는 1987년 몬트리올의정서 및 1997년 교토의정서를 통해 지구온난화의 주요 원인 중 하나로 지목됐다. 이후 이산화탄소보다 훨씬 강력한 온실가스 효과를 불러오는 것으로 확인되면서 몬트리올의정서를 수정한 2016년 키갈리 수정협약을 통해 미국·

유럽은 HFC의 사용을 2036년까지 85% 감축, 중국과 100여 개 개발
도상국은 2045년까지 80% 감축을 합의했다.

하지만 오바마 정부 때 서명했던 키갈리 수정협약을 트럼프
정부는 의회에 비준 요청하지 않았다. 트럼프는 지구온난화를 거
짓말이라고 묵살하면서 기후·환경 관련 법규들을 후퇴시켜왔다.
다시 민주당 정권으로 돌아온 뒤 바이든 정부는 기후변화에 관심
을 가지고 관련 법규에 속도를 내면서 HFC 규제에 동참하고 있
다. 기후변화에 민감한 캐나다는 키갈리 기후협약이 제시한 2019
년부터 10% 규제를 이미 시작했고, 점차적으로 규제의 폭을 확대
하며 2036년까지 85% 감축을 예정하고 있다.

여기서 두 가지 질문이 있다. 첫째, 왜 HFC를 100% 규제하지
못하는 걸까? 이유는 아직까지 HFC를 대체할 새 냉매제를 개발
하지 못했기 때문이다. 과거 CFC 규제를 통해 HFC를 개발한 것처
럼 규제 기간 동안 새로운 냉매제 개발을 기대하고 있다. 둘째, 15
년 동안 85%까지 규제한다는 정책은 산업계에 어떤 영향을 줄까?
바이든 정부는 새 냉매제 개발에 큰 예산을 지원하기로 했다. 예
산 지원이라는 당근과 사용 규제라는 채찍을 동시에 사용하는 것
이다. 환경오염 위험이 없는 대체 냉매제 개발을 통해 새로운 일자
리들이 창출될 것으로 기대하고 있다. 미국 냉동공조협회(AHRI)에
서는 HFC 규제가 기후와 미국경제의 승리를 의미한다고 평가하
면서 새로운 경제효과를 예상했다. 하지만 일반 소비자의 경제적
부담이 커질 수 있고, 특히 식당·슈퍼마켓 등 상업용 냉장시설을
써야 하는 곳에선 냉장고 수리와 구매에 큰 부담이 될 수 있다는

우려도 제기된다. 기술 전환의 비용을 누가, 어떻게 감당할 것인가 역시 기후정책의 중요한 문제로 남았다.

2021년 캐나다 총선에서 확인된 사실은 분명했다. 기후변화가 더 이상 '환경부의 정책'이나 '전문가의 보고서'에 머무는 사안이 아니라, 국민의 삶과 경제, 국제 질서까지 뒤흔드는 정치의 중심 의제가 되었다는 것이다. 기후위기는 누가 더 많은 의석을 얻는가의 문제를 넘어 앞으로 어떤 나라가 미래를 준비할 수 있는가를 가르는 기준이 되었다. 정치가 기후를 외면하면 시민의 삶이 흔들리고, 정치가 기후를 주목할 때 비로소 변화는 시작된다. 기후정치는 선택이 아니라 시대가 요구하는 필수 과제가 되었다.

기후변화 시대 변화의 힘과 저항의 힘

미국 캘리포니아 오렌지 카운티는 바로 위에 있는 로스앤젤레스 카운티와 더불어 미국 내 한인이 많이 사는 곳이다. 로스앤젤레스 카운티는 오래전에 발달한 만큼 낡은 도시의 모습이 곳곳에서 나타난다. 반면 오렌지 카운티는 부유하고 세련된 느낌이 나는 곳이다. 오렌지족이라는 말이 여기서 유래되었다는 이야기도 있다. 그 오렌지 카운티를 대표하는, 어쩌면 가장 미국다운 헌팅턴비치는 한적한 해안 지대가 서부 연안을 따라 가장 길게 펼쳐져 있는 아름다운 곳이다. 길게 뻗은 야자수와 일 년 내내 눈부시게 화창한 태양, 드넓게 펼쳐진 백사장과 쉼없이 넘실거리는 태평양의 파도는 남부 캘리포니아 특유의 여유로운 해변 문화를 탄생시키며, 연중 자전거를 타고 해변을 달리거나 비치발리볼을 즐기

이 글은 2022년 1월 10일 자 기사(《주간경향》 1460호)를 바탕으로 작성되었으며, 당시 발생한 미국 캘리포니아 헌팅턴비치 해상 오일 유출 사고를 배경으로 작성했다. 본문에 언급된 수치와 사건들은 모두 그 시점 기준이다.

는 사람들로 북적인다. 또한 속칭 '서프 시티 유에스에이(Surf City USA)'라 불리며 전 세계 서퍼들이 서핑을 즐기고, 또 그들의 서핑을 보기 위한 관광객들로 북적인다.

헌팅턴비치의 환경 재앙

그 아름다운 헌팅턴비치가 몸살을 앓고 있다. 2021년 10월 초, 캘리포니아 남부 해안에서 약 3,000배럴 이상의 기름이 유출되는 최악의 환경사고가 발생했다. 한때 기름띠는 헌팅턴비치 주변 9km에 걸쳤다. 이 기름은 헌팅턴비치에서 약 8km 떨어진 해상에 있는 석유 굴착장치와 연결된 송유관에서 유출된 것으로, 롱비치 항구에 들어가기 위해 대기 중인 대형 화물선에서 내린 닻이 원인이 됐다는 조사결과가 발표됐다.

킴벌리카 헌팅턴비치 시장이 '환경 재앙'이라고 경악한 것처럼 이 사고로 인한 환경적 피해는 막대했다. 헌팅턴 해변에는 기름으로 뒤덮여 떼죽음을 당한 새와 물고기들이 떠밀려 왔고, 주요 야생동물들이 서식하는 주변 습지의 생태계가 파괴됐다. 기름을 뒤집어쓴 새들과 죽어버린 헌팅턴 해변의 모습은 석유 개발과 성장에 몰두하던 미국인들에게 경종을 울리는 사건으로 각인되고 있다.

최첨단 정보통신(IT) 산업이 즐비한 실리콘밸리와 풍요로운 서부해안으로 상징되는 캘리포니아에 왜 석유 굴착장치가 있었을까? 캘리포니아는 한때 텍사스와 더불어 원유를 가장 많이 생산하는 주였다. 지금은 비교적 많이 줄어들었지만 로스앤젤레스 주변 고속도로를 달리다 보면 지상에서 석유를 퍼올리는 펌프들을 볼 수 있다. 캘리포니아 근해에도 해상 유전이 많다. 2021년 발생한 기름유출사고의 원인도 엘리(elly)라는 해상 굴착장치와 연결된 송유관에서 시작했다. 생산량이 최고점이었던 1985년 이후 생산량은 계속 하락하는 추세지만 캘리포니아는 여전히 미국 전체 주 가운데 일곱 번째로 많은 원유를 생산한다. 동시에 최근 대규모 셰일가스가 발견돼 잠재 석유자원도 풍부한 지역이다.

캘리포니아 사람들은 새로운 유전의 발견을 어떻게 바라볼까? 더 많은 석유자원을 가지게 된 정유·가스업계는 환호하지만 개발에 따른 환경오염과 화석연료 사용을 줄이려는 환경단체들은 우려의 목소리를 내고 있다. 특히 셰일가스를 개발하기 위해서는 지하 셰일층에 고압의 물을 쏴 암석을 파쇄한 뒤 석유와 가스를 얻는 수압파쇄(fracking) 공법을 이용하는데, 여기에는 많은 수자원이 필요하고 지하수 오염 같은 환경파괴의 우려 또한 크다. 캘리포니아는 항상 물 부족 문제로 고통받아왔기 때문에 셰일가스 개발에 반대하는 환경단체의 주장은 이곳 지역뉴스에서 자주 보인다.

환경단체들의 주장에 힘입어 2021년 4월, 캘리포니아주 뉴섬 주지사는 3년 뒤부터 수압파쇄를 새로 허가하지 않겠다는 과감한 발표를 했다. 동시에 석유 채굴을 2045년 전에 전부 중단시키겠다는 계획을 밝혔다. 그러나 이것이 주지사의 힘만으로 가능할까? 아직까지 캘리포니아주 경제의 큰 부분을 차지하는 정유·가스업계의 막강한 영향력을 무시할 수 없고, 주의회에서 관련 법안이 통과되기도 쉽지 않아 보인다. 친환경을 지지하는 세력과 기존 석유산업의 세력이 충돌하며 줄다리기를 이어가고 있다. 이러다 팽팽했던 줄다리기의 줄이 한쪽으로 쏠리는 기름유출사고가 발생했다.

미국은 현존 최대 석유 생산국이자 최대 석유 소비국이다. 동시에 석유는 오랫동안 가장 미국적인 상품이자 산업이었다. 미국에서 석유가 최초로 발견됐고, 석유를 이용한 산업화도 가장 빨리 발전했다. 그랬던 미국이 기후변화 시대로 들어오면서 석유 같은 화석연료 대신 태양광과 풍력 같은 무한하고 친환경적인 에너지에 관심을 보이고 있다. 특히 2021년 10월 31일부터 2주 동안 영국 글래스고에서 진행된 제26차 유엔 기후변화협약 당사국총회(COP26)에 북미 언론도 큰 관심을 보였다. 여기서 최대 쟁점 사항인 지구 온도 상승폭을 산업화 이전 대비 1.5도 이내로 억제하려는 목표를 논의했지만, 구체적인 실행방안에 대해서는 합의를 이루지 못했다.

새로 대두된 '그린플레이션'

최근 몇 년 사이 북미에는 친환경을 의미하는 '그린(Green)'과 물가상승을 의미하는 '인플레이션(Inflation)'을 합성해 만든 '그린플레이션(Greenflation)'이라는 단어가 자주 보인다. 그린플레이션은 친환경 에너지 수요가 늘어나면서 이에 필요한 구리, 알루미늄 같은 원자재 가격이 뛰어오르고, 화석연료 사용을 줄이면서 에너지 가격이 인상돼 경제 전반의 물가가 상승하는 인플레이션을 뜻한다. 역설적이게도 전 세계가 탄소중립과 친환경의 가속페달을 밟으면서 화석에너지 가격은 오히려 폭등하는 상황이 벌어지고 있다. 풍력과 태양광 같은 친환경 발전이 필요한 에너지 수요를 지속적으로 충족하지 못한 상태에서 채굴 감소로 화석연료가 품귀현상을 보이자 화석연료의 가격이 급상승하고 있는 것이다. 예를 들어 2020년 11월 캐나다 토론토 지역의 휘발유 판매 가격은 갤런당 0.99달러였는데, 계속 상승하면서 2021년 11월에는 1.44달러로 1년 만에 45%가 올랐다. 매번 주유소에 갈 때마다 휘발유 가격이 오르는 것을 보며, 현재 북미에서 진행되는 인플레이션의 주요 원인이 에너지 때문임을 체감했다.

화석연료 사용을 줄이려는 기후변화 시대의 '변화의 힘'과 화석연료를 마음껏 쓰던 익숙한 관성에서 벗어나지 않으려는 산업혁명 시대의 '저항의 힘'이 부딪히면서 주변에 마찰음이 들린다. 그린플레이션이 악화되고 글로벌 인플레이션 우려도 커지면서 역설적으로 친환경 에너지산업은 의문점을 남기기도 한다. 하지만 캘리포니아 기름유출 사고에서 알 수 있듯 기후변화 시대의 힘은 거스를 수 없는 방향이다. 어떤 속도로 움직여야 할까? 어려운 숙제다.

기후위기를 겨누는 전쟁의 총구

북미의 장바구니 물가가 말 그대로 들썩인다. 장 보러 마트에 갈 때마다 느끼는 장바구니 물가뿐만 아니라 주변 모든 것의 가격이 더 비싸진 것 같다. 실제로 물가는 그렇게 오르고 있다. 캐나다 통계청은 2022년 1월 소비자 물가가 2021년 동월 대비 5.1% 뛰었고, 2월에는 5.7% 올라 1991년 8월 이후 최대폭으로 상승했다고 밝혔다. 이곳 현지 언론은 소비자 물가가 중앙은행의 물가 관리 목표 수준인 연 1~3% 범위를 11개월 연속 웃돌았다고 전했다. 특히 이러한 물가상승은 주거, 식료품, 휘발유 등 3개 품목에서 두드러졌다.

친환경 에너지 수요가 늘어나면서 이에 필요한 구리, 알루미늄 같은 원자재 가격이 뛰고, 화석연료 사용을 줄이면서 에너지

이 글은 2022년 5월 23일 자 기사(《주간경향》 1478호)를 바탕으로 작성되었으며, 당시 필자는 캐나다 토론토에 머물며 러시아-우크라이나 전쟁 사태로 오른 물가를 배경으로 작성했다. 본문에 언급된 수치와 사건들은 모두 그 시점 기준이다.

캐나다 토론토에 있는 한 주유소 모습 | 정봉석

가격이 인상돼 경제 전반의 물가가 상승하는 인플레이션이 지난 해부터 조짐을 보였다. 풍력과 태양광 같은 친환경 발전량이 필요한 에너지 수요를 지속적으로 충족하지 못하고 있다. 반면 채굴이 감소한 화석연료가 품귀현상을 보이자 화석연료의 가격이 급등하고 있다. 또한 코로나19 팬데믹으로 인한 글로벌 물류 공급망 혼란도 인플레이션을 부추기고 있다. 팬데믹 기간 동안 증가한 온라인 쇼핑으로 공산품 배송 수요는 주요 항구를 압도했다. 너무 많은 배송이 시작되면서 로스앤젤레스 롱비치항의 선박 대기 줄은 항상 넘쳐났다. 또 팬데믹이 초래한 구인난으로 화물 컨테이너를 물류센터로 이송할 트럭 운전사를 구하는 것은 북미에서 하늘의 별 따기보다 어려웠다. 나 역시 온라인 쇼핑을 통해 주문한 컴퓨터를 집에서 받아 보는 데 2개월 이상을 기다리는 인내심이 필요했다. 게다가 롱비치항에 대기 중인 많은 선박의 닻이 송유관에 영향을 줘 2021년 10월에 캘리포니아 남부 해안의 기름 유출 환경사고가 발생했다.

전쟁으로 들썩이는 물가

이미 삐걱거리던 경제시스템에 결정타를 가한 사건이 있다. 러시아의 우크라이나 침공이다. 전쟁은 최근 물가상승의 최대 원인이자 위협이다. 미국 주도의 유례없는 러시아 경제제재는 물류 및 공급망에 혼란을, 상품운송에 병목현상을 일으키고 있다. 미국의 러시아 석유금수 조치는 전 세계 에너지시장에 '오일쇼크'를 일으키며 화석연료 인플레이션을 가속화한다. 많은 양의 밀, 옥수수, 보리 등의 식량 생산과 운송이 전쟁으로 러시아와 우크라이나에 묶였고, 전 세계 식량 생산에 필요한 비료는 러시아와 벨라루스에 묶였다. 이같이 세계 식량시스템이 붕괴 위기에 직면한 결과 식량과 비료 가격은 치솟았다. 전쟁 이후 밀 가격은 21%, 보리 가격은 33%, 비료는 40% 인상됐다. 조만간 이곳 캐나다의 월간 소비자 물가 상승률이 6%를 상회할 것으로 예상된다. 미국의 3월 소비자 물가는 더 심각하다. 지난해 동월 대비 8.5% 올라 1981년 12월 이후 40여 년 만의 최대 상승폭이다.

이에 캐나다연방중앙은행이 물가안정을 위해 기준금리를 대폭 인상했다. 이곳 현지 시간 기준 2022년 4월 13일 '빅스텝(big step)'이라 불리는 0.5%포인트 금리 인상을 단행해 기준금리를 1%로 조정했다. 이번 0.5%포인트 인상폭은 2000년 이후 가장 높은 수치다. 캐나다연방중앙은행은 금리 인상과 동시에 그동안 진행해왔던 양적 완화 조치를 중단하고 양적 긴축 조치로 전환할 것이라 알렸다.

후퇴하는 에너지 전환 정책

우크라이나 전쟁은 미국을 포함한 전 세계 에너지 전환 정책을 시험대에 오르게 했다. 에너지의 가격 급등과 수급 불안정 문제로 친환경 정책이 후순위로 밀린 것이다. 유럽연합은 석유, 디젤, 석탄 그리고 가장 중요한 천연가스 생산국인 러시아의 에너지 수입에 크게 의존하고 있었다. 우크라이나 전쟁으로 러시아에 경제제재를 가하고 싶었던 유럽연합에게 기존의 높은 에너지 의존도가 문제였다. 러시아는 유럽에 필요한 천연가스의 약 40%를 공급하고 있으며, 그중 상당 부분이 파이프라인을 통해 운송된다.

이에 2022년 3월 말 미국은 유럽이 러시아의 에너지에서 벗어나도록 돕기 위해 천연가스 선적량을 늘리기로 유럽 정상들과 합의했다. 독일은 러시아 석유와 석탄 수입을 절반으로 줄이고 2024년 중반까지 리시아 천연가스 의존에서 벗어나셌다는 목표를 세웠다. 조 바이든 미국 대통령은 2030년까지 미국이 연간 $500억m^3$의 천연가스를 공급하기로 했다고 밝혔다.

이러한 움직임은 미국 에너지 산업계를 놀라게 했다. 기후변화의 원인으로 비난을 받는 데 익숙해진 석유·가스 기업 경영진들이 갑자기 러시아 에너지로부터 유럽 동맹국을 해방하는 데 돕도록 소집됐다. 어떻게 에너지를 유럽에 보내야 할지는 남은 숙제이다. 원유와 달리 천연가스는 미국에서 액화천연가스(LNG)로 변환해 유조선에 실어나른 후 도착지인 유럽에서 다시 가스 형태로 바꾸는 작업을 필요로 한다. 이러한 작업에는 대규모 수출입 터미널 기반시설이 필요하며, 이를 구축하는 데 많은 시간과 비용을 요구하기 때문이다.

또한 우크라이나 전쟁은 미국 휘발유에 혼합되는 에탄올 함유량에 변화를 가져왔다. 휘발유에 혼합되는 에탄올은 대부분 옥수수 전분의 증류 과정을 거쳐 생산된 바이오에탄올이다. 미국은 세계 최대의 바이오에탄올 생산국이자 소비국이다. 정부가 바이오에탄올 생산을 촉진하는 지원정책을 적극적이고 꾸준하게 사용하지 않았다면 오늘날과 같은 에탄올 업계의 성장이 없었을 것이다. 1973년과 1979년의 오일쇼크 충격으로 석유가 빠르게 고갈될 수 있다는 위기 속에서 만들어진 정책이다. 이 정책은 바이오에탄올에 갤런(Gallon)당 40센트의 세금공제 프로그램을 도입해 미국의 바이오에탄올 산업이 자리를 잡는 데 기여했다. 2005년의 에너지정책법(Energy Policy Act)은 연료용 바이오에탄올 의무 혼합 규정을 최초로 도입하여 바이오에탄올 산업에 또 하나의 중요한 전기를 가져왔다. 이 제도로 인해 미국에서 판매되는 대부분의 휘발유는 에탄올 함유량이 10%인 E10 휘발유이다. 특히 기후변화 시기에 에탄올은 이산화탄소 배출량을 줄인 친환경 대체 연료로 인식

되면서 옥수수 바이오에탄올 산업이 급격히 성장하고 있다.

동시에 바이오에탄올이 화석연료보다 기후변화에 더 나쁜 영향을 미친다는 연구도 진행되고 있다. 옥수수를 생산, 재배, 수확, 운송하고, 특히 에탄올 생성에 필요한 증류 과정에 사용되는 화석연료를 고려하면 휘발유보다 더 많은 온실가스를 배출한다는 것이다. 뿐만 아니라 에탄올이 휘발유보다 대기 오염을 가중시키고 스모그 관련 질환으로 인한 사망자를 늘릴 가능성이 있다는 연구도 있다. 이에 에탄올 함유량이 15%로 높은 E15 휘발유는 더운 여름철인 6월 1일부터 9월 15일까지 판매를 금지해왔다. 하지만 바이든 미국 대통령은 우크라이나 전쟁으로 인한 유가 급등으로 고(高)에탄올 함유 휘발유 거래를 한시적으로 허용하기로 했다. 백악관은 현재 30여 개 주의 2,300여 개 주유소에서 E15를 판매 중이며, 이번 조치로 갤런당 10센트가량의 유가 억제 효과가 발생할 것으로 전망한다.

우크라이나 전쟁이 시작되던 그즈음 유엔 산하 기후변화국제협의체(IPCC)는 암울한 기후변화의 위험을 보여주는 보고서를 제출했다. 그리고 지금까지의 예측보다 더 빨리 지구온난화가 진행되며 온실가스 배출을 급격히 줄이지 않으면 자연과 인류가 적응하는 능력이 곧 압도당할 수 있다고 경고했다. 전 세계의 에너지 전환 정책은 들썩이는 물가와 유가의 급등으로 조금씩 조금씩 뒤로 후퇴하고 있다.

러시아군의 집중 공격으로 시체가 널려 있고, 도시가 불타는 우크라이나의 모습이 오늘도 TV에 나온다. 동네 마트에 갔다가 러시아군 포격에 희생당한 우크라이나 6세 소녀의 사진을 봤다.
가슴이 아려온다. 우크라이나에서 시작된 화약 냄새는 전 세계로
퍼지고 있다. 물가상승, 에너지 대란, 기후위기라는 전쟁의 총구가
이제 우리를 향하고 있다.

중동에서 날아온 열기와 냉기

　중동에서 7년을 보냈다. 아랍에미리트의 아부다비와 두바이에 거주하며 중동의 환경과 물 관련 정부 과제를 수행했다. 7월 말 어느 여름밤, 아부다비공항에 처음 도착했을 때를 생생하게 기억한다. 공항 바깥으로 발걸음을 내디뎠을 때 앞이 보이지 않았다. 불빛과 물체는 분명히 있는데 모든 것이 희미했다. 100%에 가까운 습도와 중동의 열대야는 나의 안경을 짙은 회색의 색안경으로 바꿔놓았다. 한동안 망부석처럼 한곳에 서 있었다. 중동 날씨의 악평을 미리 공부하고 마음의 준비도 했지만, 현실의 위력 앞에서 나는 무기력했다.

　작열하는 중동의 여름 태양 아래, 바깥에 서 있는 것만으로도 불편을 넘어 고통을 느꼈다. 부글부글 끓어오르는 열기와 한증막

이 글은 2023년 1월 2일 자 기사(《주간경향》 1509호)를 바탕으로 작성되었으며, 당시 중동 카타르 월드컵과 제27차 유엔기후변화협약 당사국총회(COP27)을 배경으로 작성했다. 본문에 언급된 수치와 사건들은 모두 그 시점 기준이다.

같은 습도는 온몸을 땀범벅으로 적셔버렸다. 지글거리는 도시의 아스팔트 위에 있노라니 숨이 턱까지 차올랐다. 지옥도에 나오는 뜨거운 불가마의 모습이 이렇지 않을까 종종 생각했다.

이 더위와 습기에서 벗어나는 방법은 에어컨이 있는 실내로 가는 것이다. 오일머니로 부유한 현지인들은 냉방이 돼 있는 가정과 일터에서 생활하고 에어컨으로 시원해진 차로 이동한다. 저녁이나 주말에는 운동하기 위해 냉방된 실내 쇼핑몰을 돌아다닌다. 태양이 '풍부'한 곳임에도 많은 현지인은 신체가 햇빛을 사용해 생성하는 비타민D 결핍으로 고통받는다.

매우 건조한 국가인 아랍에미리트는 물을 많이 쓴다. 1인당 하루 물 소비량이 550ℓ를 넘는다. 독일(150ℓ), 호주(220ℓ), 한국(280ℓ), 일본(310ℓ), 미국(390ℓ)을 훨씬 상회하는 물 수요량이다. 더운 지역이기에 물을 많이 사용하는 경향도 있지만, 모래바람으로 쉽게 더럽혀진 차를 자주 씻고 가정마다 수영장과 정원을 만들어 물을 마음껏 사용하기 때문이다. 아랍에미리트는 사막 국가지만 녹색 정원 도시를 꿈꾸며 나무를 많이 심고 수자원이 풍요로운 도시처럼 물을 운용한다.

이곳에서는 물 수요의 대부분을 해수 담수화 플랜트에서 생산한다. 담수 플랜트는 엄청난 양의 화석연료를 사용한다. 담수화의 부산물로 나오는 염수와 독성화학물질의 찌꺼기는 바다에 버려진다. 이들은 해양생태계에 해로운 영향을 끼친다. 따라서 도시에서 멀리 떨어진 곳에 담수 플랜트를 설치하고 송수관으로 물을 보낸다. 도시의 가정으로 들어오는 물은 쾌적한 사용을 위해 에

하늘에서 바라본 아랍에미리트 아부다비의 도시 전경 | 정봉석

어컨을 이용해 온도를 낮춘다. 이 모든 에너지와 물은 화석연료의 풍요로움과 연소를 바탕으로 만들어지고 이산화탄소를 배출한다.

이들을 비난만 할 수 있을까? 사막에 살고 있고 아직 나무도 부족한 상태이니 물의 사용을 줄이라고만 할 수 있을까? 기후위기 시대에 살고 있으니 자동차를 타지 말고 원래 사용하던 낙타를 이용하라고 할 수 있을까? 혹독한 중동의 더위를 피하려 에어컨을 켜는 이들에게 원래 살던 대로 더위를 참고 이산화탄소 배출을 하지 말아야 한다고 말할 수 있을까? 그들도 서구 선진국처럼 삶이 향상되기를 바란다. 그들도 자동차를 타고, 전기를 사용하고, 냉방을 통해 쾌적하게 살고 싶은 욕구가 있다. 이것이 잘못된 것은 아니다. 하지만 전 세계가 지구의 기후위기를 심화시키고 있다.

그로 인해 화석연료가 아닌 다른 에너지로 대체하려는 숙제는 점점 더 어려워진다.

화석연료로 열린 월드컵

아랍에미리트를 포함한 주변 중동국가들도 기후위기를 해결하기 위해 적어도 표면적으로는 동참한다. 동시에 오일머니로 쌓아 올린 불안한 경제 구조를 다각화해 현대적 산업경제를 가진 강대국으로 성장하고 싶어 한다. 중동국가 중 하나인 카타르에서 월드컵을 개최한다는 소식에 속으로 웃었다. 여름에 열리는 월드컵이 한낮 온도 50도를 넘나드는 중동의 열기와는 타협하기 어렵다고 생각했다. 하지만 곧 카타르가 가진 고민을 이해했다. 월드컵을 통해 전 세계인들에게 자신의 나라를 알리고, 관광과 스포츠 산업을 키우려는 의도였다.

카타르도 인류의 기후위기와 탈탄소 흐름을 외면할 수 없다. 2022년 월드컵 개최권을 획득한 지 12년 만에 카타르의 연평균 기온이 1도 높아져 지구온난화의 직격탄을 맞았기 때문이다. 이에 카타르는 월드컵을 전 지구적 과제인 탄소중립, 지속가능성을 고려한 대회로 운영한다고 천명했다. 경기가 열리는 여덟 개 모든 경기장에서 태양광 전력을 이용한 재생에너지를 사용한다고 주장했다. 월드컵 경기장 중 한 곳인 974스타디움은 화물용 컨테이너 974개를 활용해 건축했다. 월드컵 이후에는 전면 해체해 컨테이너를 재활용할 계획이다. 친환경을 고려한 조치다.

그들의 노력에도 불구하고 화석연료로 성장한 카타르의 탈탄소를 표방하는 표어는 어딘가 어설프다. 카타르가 월드컵 유치 과정에서 오일머니를 통해 국제축구연맹(FIFA) 관계자들에게 뇌물을 제공하면서 개최권을 따냈다는 의혹이 세기됐다. 월드컵에 필요한 경기장, 고속도로, 지하철 등을 건설하기 위해 외국인 노동자들은 50도가 넘는 온도에서 일했다. 수백, 어쩌면 수천 명이 폭염으로 사망한 것으로 알려졌다. 최악의 더위로부터 팬과 선수를 보호하기 위해 처음으로 월드컵이 여름이 아닌 겨울에 열렸다. 축구 경기장 전체를 거대한 에어컨으로 도배했다. 화석연료를 연소한 에너지를 주로 사용했다. 친환경을 주장하지만, 카타르를 움직이는 힘은 여전히 화석연료다.

이집트의 기후변화협약 당사국총회

월드컵과 비슷한 시기에 중동에서 다른 이벤트가 있었다. 이집트 샤름엘셰이크에서 열린 제27차 유엔기후변화협약 당사국총회(COP27)였다. 유엔 당사국과 기업, 시민사회가 모두 모여 기후위기를 협의하는 자리다. 1995년을 시작으로 매년 개최해 2022년에 27번째 회의를 열었다. 역설적이지만 중동의 한 곳에서는 화석연료의 검은돈이 월드컵을 열었고, 다른 한 곳에서는 기후위기에 대응해 어떻게 화석연료를 줄일까를 고민했다.

당사국총회는 폐막일을 이틀 넘겨 새벽까지 협상을 벌인 끝에 기후변화로 개발도상국에 집중된 '손실과 피해'를 지원하기 위해 국제사회가 기금을 설립한다고 합의했다. 선진국은 화석연료 대량 사용 등 기후온난화 가스를 200년 가까이 뿜으면서 산업화를 이룩했다. 반면 개발도상국의 가난한 나라들은 기후온난화 가스 배출은 미미하면서도 선진국이 주도한 기후변화 피해를 똑같이 또는 몇 배나 심하게 겪고 있다. 이에 선진국이 개발도상국을 지원하려는 게 이 기금의 목적이다.

기금은 과거 선진국이 온실가스 배출의 법적 책임을 지는 배상이나 보상이 아닌 지원을 할 것을 규정했다. 배상이나 보상을 인정하면 선진국이 온실가스 배출에 대해 무제한적인 책임을 질 수 있다는 염려가 제기돼 합의에 이르지 못했기 때문이다. 지원의 형식으로 타협함으로써 이번에는 합의를 이뤘다. 누가, 얼마나, 무엇에, 어떻게 지원할지에 대해선 당사국들의 의견이 여전히 일치하지 않는다. 과거 의견 일치는 이뤘지만 제대로 실행되지 못한 기후변화총회의 무수한 협의들처럼 이번 합의도 생색내기 '공약'이 아닐지 걱정스럽다.

대중의 관심이 뜨거운 월드컵과 대조적으로 기후변화총회에 대한 사람들의 관심은 냉담하다. 월드컵 열기는 금세 식는다. 반대로 지구의 열기는 계속 올라간다. 기후변화 피해는 그만큼 커진다. 우리가 월드컵 열기에 빠져 있는 사이 지구 어느 한구석의 누군가는 기후변화로 고통받고 목숨을 잃는다. 중동의 더 뜨거워진 태양 아래 월드컵 기간시설을 건설하느라 고통받고 죽어간 사람들처럼.

폭우사태 속 영웅은 국가가 되어야 한다

기후변화로 인한 극한 폭우로 전 세계가 몸살을 앓고 있다. 캐나다 노바스코샤 지방은 2023년 7월 21일 밤부터 하루에 250mm가 넘는 강우량으로 3개월 분량의 비가 쏟아져 도로와 자동차, 가옥을 쓸어버렸다. 정부는 주도인 핼리팩스를 포함한 5개 지역에 비상사태를 선포했다. 어린이 두 명을 포함한 네 명이 실종됐고, 8만 명 이상이 정전 피해를 겪었다. 마이크 새비지 핼리팩스 시장은 "성경에 나오는 노아의 방주 때 같은 폭우에 도시가 침몰됐다"고 말했다.

인도는 폭우 및 산사태 피해로 몸살을 앓고 있다. 인도의 7월은 통상적인 우기이기에 비가 많이 오지만, 2023년은 지구온난화로 인한 극단적인 폭우가 더 심각했다. 인도 북부에서는 세계문

이 글은 2023년 8월 14일 자 기사(〈주간경향〉 1540호)를 바탕으로 작성되었으며, 2023년 7월 15일 집중호우로 제방이 무너지며 발생한 청주 오송읍 지하차도 침수 사고를 배경으로 작성했다. 본문에 언급된 수치와 사건들은 모두 그 시점 기준이다.

2005년 허리케인 카트리나로 침수된 미국 뉴올리언스 | 픽사베이

화유산 타지마할까지 침수될 위기에 처했다. 우기가 시작된 이후 인도 전역에서 도로 함몰, 주택 붕괴 등으로 600명 이상이 사망한 것으로 집계됐다.

인접 국가인 파키스탄은 2022년 몬순(계절풍) 폭우로 전 국토의 3분의 1이 물에 잠기면서 1,739명이 숨지고 300억 달러의 재산 피해를 입었다. 2023년 몬순이 시작되면서 최소 100명 이상이 사망했다. 2022년의 고통이 생생한 파키스탄인들에게 다시 먹구름이 드리워져 있다.

한국의 기록적인 장마 폭우

한국 역시 2023년 장마 기간 이례적인 폭우로 큰 피해를 입었다. 장마의 지속 기간은 평년과 비슷했지만, 장마철 전국 누적 강수량이 648.7mm로 평년 강수량의 거의 두 배였다. 1973년 이후 2006년과 2020년에 이어 세 번째로 많은 양이었다. 특히 강우 강도(장마 기간 중 강수 일수 대비 강수량)는 30.6mm로 역대 최고를 기록했다. 폭우의 양도 많았지만, 한 번 올 때 많은 비가 쏟아졌다.

이 기록적인 폭우는 47명의 사망자를 포함해 막대한 피해를 냈다. 특히 충청도와 경북 북부지역에 폭우가 집중됐고, 200년에서 1300년에 한 번 올 확률의 극한호우가 쏟아졌다. 이는 장마 기간 무려 322곳의 제방 붕괴로 이어졌다. 그중 249곳이 충청과 경북에 집중됐다. 이 중 충청북도 청주시 흥덕구 오송읍에 있는 제방 붕괴는 미호강의 범람으로 이어졌다. 근처 지하차도로 많은 물이 순식간에 들이닥쳐 침수됐고, 지하차도 안 차량 17대에 있던 14명의 생명을 빼앗은 안타까운 사고가 발생했다.

오송 지하차도 사고로 수해 원인에 대한 책임 공방이 벌어졌다. 문재인 정부 시절 추진한 환경부 주도의 물관리 일원화가 도마 위에 올랐다. 국토교통부의 물관리 기능까지 넘겨받은 환경부가 수해방지를 위한 정비 사업을 소홀히 한 결과 이번 물난리를 자초했다는 비난이다. 또한 정부는 지방 하천의 국가하천 승격기준을 대폭 완화하는 방안을 검토 중인 것으로 알려졌다. 기후위기로 발생한 극한 폭우가 원인이기에 어쩔 수 없는 자연재해라고도 한다. 무엇이 맞는 말일까. 문제의 본질은 좀 더 복잡하다.

숨어 있는 수해 사고의 본질

첫째, 사고가 난 궁평2지하차도로 범람한 미호강은 국가하천이지만 환경부가 관리하지 않는다. 현행 하천법상 국가하천 유지보수 업무를 시·도지사에게 위임할 수 있고, 또 시·도지사는 다시 시장·군수·구청장에게 재위임할 수 있다. 환경부는 국가하천 중 5대강 본류와 일부 국가하천만 직접 관리하고, 나머지는 국고지원 방식으로 지자체에 위임한다. 미호강 역시 형식상으로는 국가하천이지만 환경부에서 충북도로, 다시 청주시로 재위임해 관리 중이다. 미호강 하도 준설이나 제방 보강 등 하천기능의 정상 유지를 위한 점검·정비활동은 청주시가 관리한다. 환경부는 미호강의 직접적인 관리 주체가 아니다.

사고 당시 제방 붕괴가 발생한 지점에서는 미호강교 확장공사를 하고 있었다. 공사를 수월하게 하기 위해 기존 제방을 제거하고 임시제방을 만들었다. 그런데 환경부 산하 금강유역환경청은 해당 임시제방과 관련한 하천 점용허가를 내준 바 없다고 밝혔다. 하천 수량관리를 환경부가 하는 다시 국토교통부로 돌리는 이번 미호상 제방 붕괴사고의 문제해결과는 거리가 멀다.

또한 이번 지하차도 참사는 신속히 차량 진입만 막았더라면 피해를 줄일 수 있었다. 사고가 난 지방차도의 관리 주체는 충북도이고, 재난안전법상 청주시도 긴급안전조치의 의무가 있다. 특히 사고 전 최소 세 차례 홍수통제관리소와 주민의 경고가 있었음에도 지하차도 통제는 없었다. 단순히 어쩔 수 없었던 기상재난이 아니었다.

둘째, 홍수에 대비한 미호강 임시제방의 설계에 의문이 있다. 하천제방과 하수도는 과거의 관측 강우량을 참고해 설계한다. 일반적으로 하천제방은 50년에서 100년, 하수도는 10년에서 30년 빈도의 강우량을 기준으로 설계한다. 하천은 좀 더 구체적으로 규모에 따라 국가하천, 지방하천, 소하천으로 분류한다. 미호강은 국가하천으로, 100년 빈도의 강우량을 기준으로 설계한다. 미호강 제방 붕괴사고의 기존 제방고는 31.45m인데, 미호강교 확장공사를 위해 이를 허물고 임시제방은 1.71m가 낮은 29.74m로 쌓았다. 사고 당일 미호강 수위는 29.87m로, 임시 시공한 둑을 넘어서며 월류와 함께 둑을 무너뜨렸다. 행정중심복합도시건설청에 따르면 계획홍수위가 28.78m로 임시 제방고보다 낮다고 설명한다.

임시 제방고를 100년 빈도의 강우량 기준으로 설계했다면, 기존 31.45m의 제방고는 왜 2.67m나 높게 설계했을까. 기존 제방고를 쌓을 때 고려한 설계기준과 임시제방을 쌓을 때 고려한 설계기준은 왜 크게 다를까. 미호강 제방고에 대한 설계와 시공이 하천 기본계획을 제대로 고려했는지 확인이 필요하다.

셋째, 지구온난화로 높아진 폭우와 홍수의 불확실성이다. 기존의 방지대책들은 '과거'의 관측치에 기반하는데, 기후변화로 불확실해진 미래의 강우량은 과거의 설계기준을 무너뜨린다. 100년 만의 폭우, 100년 만의 폭염, 100년 만의 혹한 같은 역대급 기록은 더 이상 극한 한계치를 나타내지 못한다.

과거 2017년 7월 충북 청주시에는 시간당 최대 86.2mm, 하루 290.2mm의 폭우가 내렸다. 200년에 한 번 올까 말까 한 비였다. 수십 명의 사상자와 수백억 원의 재산피해가 났다. 이에 청주시는 수해백서를 내고, 중요 지역의 방재시설 설치기준을 200년 빈도 이상으로 높여야 한다고 지적했다. 하지만 이후에도 이 기준을 충족한 곳은 없다.

지금 수준의 제방으로는 극한 폭우를 막기 어렵다. 그렇다고 제방을 수백 년 경험치 이상의 강우빈도에 맞춰 모두 뜯어고치기에는 한정된 예산 문제가 있다. 기존의 제방 관리와 제방 설계 홍수량을 철저히 확인하고 검토해야 한다. 설계 홍수량이 넘는 극한 폭우가 왔을 때 피해를 최소화하기 위한 조기 경보도 무엇보다 중요하다. 새벽이나 한밤중이라도 즉시 대피할 수 있는 구체적인 피난 시스템이 필요하다.

치수는 치국의 근간이다. 오송 지하차도 안 747번 급행버스 기사는 유리창을 깨고 승객을 먼저 탈출시키다 숨졌다. 한 영웅의 헌신적인 희생이 다른 이들의 생명을 지켰다. 왜 국민의 생명을 영웅에게 의지해야 하는가. 국가가 그 영웅이 되기를 바란다. 삼가 오송 시하자도 참사 희생자들의 명복을 빈다.

불타는 지구, 속 타는 세계

산에 봄이 찾아왔다. 얼었던 흙은 스며드는 햇볕에 녹아내리고, 바람은 한결 부드러워졌다. 낮게 웅크렸던 나뭇가지들도 생기를 되찾아 연둣빛 새순을 틔우기 시작했다. 진달래와 산수유가 꽃망울을 터뜨리고, 산길을 따라 오르면 나뭇잎 사이로 햇살이 비친다. 겨우내 잠잠했던 새들은 다시 지저귀며 숲에 생명의 기운을 불어넣는다.

그러나 2025년 3월의 산은 달랐다. 푸르러야 할 능선이 붉은 화염에 휩싸였고, 연기가 하늘을 검게 물들였다. 영남·충청·호남 지방에서 동시다발적으로 발생한 대형 산불은 건조한 날씨와 강풍을 타고 무섭게 번져나갔다. 주민들은 집을 등지고 대피소로 몰려들었고, 소방 헬기와 진화대원들이 연기 속에서 사투를 벌였다.

이 글은 2025년 4월 14일 자 기사(《주간경향》 1623호)를 바탕으로 작성되었으며, 미국 트럼프 2기의 화석연료 정책 강화를 배경으로 작성했다. 본문에 언급된 수치와 사건들은 모두 그 시점 기준이다.

극한 고온·건조가 만든 대형 산불-현장에서 진화 작업 중인 소방 인력 | 픽사베이

불길은 도로를 집어삼키고 마을을 향해 위협적으로 다가갔다. 산불은 끝내 33명의 소중한 생명을 앗아갔다. 2025년 3월 국내에서 발생한 산불은 역대 최대 규모의 산불이자 가장 큰 피해를 남긴 산불이라고 분석된다.

기후변화로 가뭄이 길어지고 기온이 상승하면서, 산불의 규모와 빈도는 점점 더 커지고 있다. 2024~2025년 겨울, 예상보다 따뜻한 날씨와 극심한 건조가 이어지면서 산림은 작은 불씨에도 무너질 준비가 돼 있었다. 불씨 하나로 터질 준비가 된 화약고 같았다. 이러한 산불 재앙은 한국만의 문제가 아니다. 2025년 1월 미국 로스앤젤레스 광역권에서 다발적으로 발생했던 캘리포니아 산불처럼 세계 곳곳에서 이상고온과 극단적 기상 현상이 연이어 발생하고 있다. 그리고 2025년 3월 세계기상기구(WMO)가 발표한 보고서는 이를 단순한 자연재해가 아닌, 기후변화가 만들어낸 거대한 흐름임을 경고하고 있다. 2024년, 지구는 기록상 가장 뜨거운 해를 맞이했다.

파리기후협약의 제한선 붕괴

WMO의 지구 기후 상태 보고서에 따르면 2024년 지구 평균기온은 산업화 이전보다 약 1.55도 상승했다. 175년간의 관측 기록 중 가장 높은 수치다. 국제사회는 2015년 파리기후협약에서 지구 평균기온 상승폭을 산업화 이전보다 2도 밑으로 유지하며 1.5도 이하로 제한하기 위해 노력한다는 목표를 세웠는데, 그 제한선이 2024년 깨졌다.

지구 평균기온이 오른 것은 온실가스 농도가 올랐기 때문이다. 이산화탄소의 농도는 지난 175년 관측 역사상 가장 높은 수치를 기록했다. 최소 200만 년 동안 한 번도 보지 못했던 수준에 도달했다고 보고서는 밝혔다. 메탄과 아산화질소의 농도 역시 최소 80만 년 중 최고치를 기록했다. 현생 인류는 약 30만 년 전에 등장했기 때문에 이처럼 온실가스로 가득 찬 대기를 한 번도 경험한 적이 없다.

문제는 대기에만 그치지 않는다. 기후변화의 주요 지표인 해양온난화는 특히 두드러진다. 지금까지 해양은 온실가스로 인해 갇힌 추가 열기의 약 90%를 흡수했는데, 2024년 바닷속 열에너지 총량이 사상 최고를 기록했다. 동시에 대기에 증가한 이산화탄소 농도는 해수에 흡수돼 바닷물의 pH(수소이온농도)가 낮아지는 해양 산성화를 일으킨다. 바닷물이 점차 '탄산수'로 변해간다. 해양 온도 상승과 산성화는 해양 생태계를 심각하게 파괴하고 있다. 2024년 4월까지 전 세계 모든 해양의 온대 산호가 백화 현상을 겪었다. 바다 온도가 오르며 해수면 상승도 빨라졌다. 북극 해빙의 면적은 2006~2024년 동안 역대 최저 기록을 매년 새로 썼고, 남극 해빙도 2021~2024년 동안 최저 기록을 경신해왔다.

기후변화는 이미 인류 생활에 영향을 미치고 있다. WMO 보고서에 따르면 2024년 열대성 사이클론, 홍수, 가뭄 등의 영향으로 80만 명 이상이 피해를 보았다. 이는 2008년 이후 연간 피해 규모로 보면 가장 높은 수치다. 식량위기가 악화한 나라도 18개에 이른다.

트럼프2기의 화석연료 정책 강화

WMO 보고서는 기후 대응 강화를 촉구했지만, 국제사회의 대응은 오히려 균열을 보인다. 온실가스 감축은 난항을 겪고 있으며, 세계 기후 대응 공조 체제는 위기에 직면했다. 그중에서도 미국의 정책 변화는 국제사회의 기후 대응 체제에 큰 영향을 미치고 있다.

도널드 트럼프 미국 대통령은 대선 공약에서 기후위기를 "녹색 신종 사기(Green New Scam)"라고 규정하며, 집권 후 파리기후협약을 다시 탈퇴했다. 이로써 미국은 이란, 리비아, 예멘과 함께 협약에 가입하지 않은 몇 안 되는 국가가 됐고, 국제사회의 기후 리더십에 공백이 생겼다.

트럼프1기에서도 그는 오바마 행정부가 가입했던 파리협약을 탈퇴했지만, 바이든 대통령은 2021년 취임과 동시에 재가입하며 친환경 정책을 추진했다. 대표적인 사례가 2022년 시행된 4,300억 달러 규모의 '인플레이션 감축법(IRA)'으로, 재생에너지 확대와 전기차 보급을 지원하는 핵심 법안이었다. 그러나 트럼프2기 행정부는 바이든 행정부의 친환경 정책을 대폭 철회하고, 화석연료 중심의 에너지 정책으로 전환했다. "Drill, Baby, Drill(석유를 뚫어라)"이라는 구호처럼 트럼프 행정부는 화석연료 산업을 적극적으로 지원하는 방향으로 정책을 수정했다. IRA는 폐지를 검토 중이며, 연방정부 건물 내 전기차 충전소도 전면 폐쇄할 계획이다.

트럼프 행정부는 2025년 2월 '기후변화에 관한 정부 간 협의체(IPCC)' 보고서 작업에서 미국 정부 소속 과학자들의 참여를 중단하도록 지시했다. 2025년 초 환경보호청(EPA)은 바이든 대통령의 '그린 뉴딜' 정책을 폐기한다고 발표하며, 승용차 배출가스 규제 기준을 재검토할 것이라고 밝혔다. 또한 미 기상·기후 감시 기관인 해양대기청(NOAA)에서는 1,300명의 인력을 감축했으며, 추가 감축도 검토 중이다.

3월의 산은 연기 속으로 사라지고, 재로 덮여갔다. 가장 푸르러야 할 숲이 불길에 휩싸이고, 가장 싱그러워야 할 공기가 탄 냄새로 가득 찼다. 지구는 더 뜨거워졌고, WMO의 경고는 날카롭게

울려 퍼지지만 세계는 분열되고 있다. 화석연료에서 벗어나려는 '변화의 힘'과 산업혁명 시대의 유산을 붙잡는 '저항의 힘'이 곳곳에서 충돌하고 있다. 인류는 익숙한 관성에서 벗어나지 못하고, 지구는 그 틈새마다 불길을 키운다. 변화는 이미 시작됐지만, 그 길은 험난하고 복잡하다.

그럼에도 역사는 언제나 조금씩, 아주 천천히 앞으로 나아갔다. 인류는 늘 늦었고, 때로는 퇴보하는 것처럼 보였지만 느리게 움직였다. 산업혁명도, 민주주의도, 여권 신장도 한때는 불가능해 보였고, 수많은 퇴보의 순간을 겪었지만 인류는 조금씩, 조금씩 앞으로 나아갔다. 지금의 기후위기도 마찬가지다. 비록 더딘 걸음이지만, 불타는 3월의 산을 다시 푸르게 할 방법을 찾아낼 것이다. 그날이 올 것을 믿는다.

6부

희망과 전환

미래세대에게 보내는 메시지

우리가 직면한 현실은 절망적이지만, 그 속에서도 희망의 씨앗은 자라난다. 과거의 교훈 속에서, 그리고 미래 세대를 위한 고민 속에서 우리는 전환의 길을 모색한다. 이 부는 무너져가는 세상 속에서도 포기할 수 없는 이유, 미래세대를 향한 약속을 담았다.

암울한 기후재앙 속 희망을 발견하다

2022년 연말 추위는 매서웠다. 북극에서부터 내려온 북극 한파가 한반도를 덮쳤다. 2022년 12월 27일 기상청에 따르면, 지난 2주 동안 평균기온은 영하 4.2도로 1973년 이래 최저였다. 서울의 한강은 크리스마스날 결빙됐다. 이는 평년보다 16일 빠른 현상이다. 12월 23일 광주에는 39cm 적설량을 보이며 관측 이래 세 번째로 많은 눈 폭탄이 쏟아졌다. 제주도는 87cm 적설량을 돌파했다. 강한 눈보라로 당일 제주국제공항을 출발한 항공기는 없었다.

연말에 추위와 눈 폭탄으로 몸살을 앓은 곳은 한국만이 아니었다. 옆 나라 일본도 최고 적설량 1m를 넘는 폭설이 내리면서 14명이 사망했다. 야마가타현 오쿠라무라에는 223cm, 니가타현 아오모리현에는 180cm가 넘는 기록적인 폭설이 쏟아졌다. 홋카이도의 몬베츠시는 한때 2만 4,000가구 전부가 정전됐다.

이 글은 2023년 2월 6일 자 기사(《주간경향》 1513호)를 바탕으로 작성되었으며, 본문에 언급된 수치와 사건들은 모두 그 시점 기준이다.

크리스마스 시즌 미국과 캐나다를 강타한 겨울 폭풍은 심각했다. 이 폭풍은 한 세대에 한 번 있을까 말까 한 사건으로 평가됐으며, 눈보라로 하늘과 땅의 경계가 사라져 거리와 방향을 가늠할 수 없는 '화이트아웃(whiteout)' 현상이 미국 대평원에서 중서부로 이어지며 최소 22명이 숨지고 180만 가구가 정전 피해를 입었다. 대기압이 24시간 이내에 24밀리바(mb) 이상 떨어져 급속도로 심해지는 폭풍을 나타내는 '폭탄 사이클론(bomb cyclone)'이란 신조어도 생겼다. 당시 조 바이든 미국 대통령은 기온이 영하 46도까지 떨어지는 것을 경고하며 "당신이 어렸을 때 본 그런 눈 내리는 날이 아니다"라고 심각성을 전했다.

뉴욕주 버펄로에서는 60cm 이상 폭설과 시속 112km 이상의 강풍이 몰아쳤다. 응급 구조대의 발이 묶이면서 2명이 숨졌다. 뉴욕주는 비상사태를 선포했다. 오하이오에서는 폭설로 46중 추돌 사고가 발생해 4명이 사망했다. 캔자스에서도 3명이 교통사고로 목숨을 잃었다. 뉴욕주를 포함해 노스캐롤라이나와 켄터키, 펜실베이니아, 테네시 등에서는 180만 가구에 전기 공급이 중단됐다. 미 전역에서 항공편이 취소되거나 지연됐다.

겨울철 따뜻한 날씨로 유명한 미국 남부의 조지아 브라이언 캠프 주지사는 역사적인 저온으로 인해 주 전역에 비상사태를 선포했다. 남부의 따뜻한 텍사스 역시 전력 긴급사태를 선포했다. 이들에겐 2021년 2월 텍사스에 몰아친 기록적인 겨울 폭풍으로 대규모 정전사태가 벌어지고 246명이 사망했던 악몽이 아직 생생했다.

폭설로 가로막힌 도심 한복판에서 제설작업이 이어지고 있다. | 언스플래쉬

폭탄 사이클론은 캐나다에도 피해를 안겼다. 인구가 가장 많은 온타리오주와 퀘벡주에 그 피해가 집중됐다. 수십만 가구가 정전됐다. 이번 폭설은 토론토와 오타와, 몬트리올을 운행하는 열차도 멈춰 세워 크리스마스 당일 시민의 발을 묶었다.

지구의 열은 보존되기에 한쪽이 극단적으로 추우면 다른 쪽은 극단적으로 더워진다. 겨울 폭풍이 북미를 강타하면서 크리스마스 연휴에 사망자가 속출하는 등 피해가 불어나는 가운데, 대부분의 유럽은 온화한 날씨의 연말을 경험했다. 프랑스 남부에 있는 대부분의 기상관측소가 20도 이상의 기온을 기록했다. 동부 스페인은 25도 이상을 기록했다.

북극 온난화와 북미 겨울 폭풍

과학 전문지 〈사이언스〉에 게재된 미국 매사추세츠공과대학(MIT)과 이스라엘 히브리대학의 공동연구는 지구온난화, 특히 북극에서 더 급격하게 진행되는 온난화와 미국의 추운 겨울 날씨 사이의 상관관계를 밝혔다. 연구팀은 수치 모델링 실험과 관측 데이터를 바탕으로, 북극 온난화로 인해 북극 성층권 극소용돌이가 약해지면서 주변을 돌고 있는 제트기류가 물결 모양처럼 구불구불해져 남쪽으로 퍼진다는 점을 밝혔다. 극소용돌이와 제트기류는 빠르게 회전하는 팽이와 비슷하다. 북극이 따뜻해질수록 팽이의 회전력이 힘을 잃고, 팽이의 회전 궤적이 움직이고 흔들리면서 주변에 영향을 미치는 효과를 낸다. 로키산맥 동쪽의 북미지역에서 발생한 극한의 겨울 날씨에 직접적인 영향을 미친, 2021년 2월 텍사스에 발생한 기록적인 겨울 폭풍도 늘어진 제트기류가 원인임을 찾아냈다.

산업혁명 이후 지구는 꾸준히 따뜻해졌지만 지구 전체의 온도가 균일하게 상승한 것은 아니다. 북극해의 영향을 받는 시베리아, 알래스카, 캐나다 등의 지역은 다른 지역에 비해 더 뜨거워졌다. 핀란드 기상연구소는 최근 과학 전문지 〈네이처〉에 1974~2021년 관측된 조사결과를 발표했다. 지난 47년 동안 북극의 온난화 속도가 전 지구 평균의 네 배에 이른다는 내용이다. 이는 북극이 지구 평균보다 두 배 빨리 온난화되고 있다는 기존 통념을 뛰어넘는다.

북극 증폭(Arctic amplification)으로 알려진 북극의 온난화는 북극 지역 내부 요인에 크게 기인한다. 온도가 상승해 눈이 녹으면, 햇빛이 반사되지 않고 그대로 토양 표면에 도달하므로 온난화를 가속한다. 빙하가 녹으면서 바다와 대기 사이의 물리적 장벽이 제거되고 개방 수역이 늘어나면서 수온은 더 따뜻해진다. 개방된 바다에서 수증기 증발이 더욱 발생해 수증기에 의한 온실효과를 증폭시킨다. 이런 극지방의 특성이 북극 증폭의 대표적인 원인이었다.

여름 평균기온이 3~7도를 유지하던 북극권의 스발바르제도도 2022년 19도를 기록하며 따뜻한 온도로 바뀌었다. 따뜻한 기온과 빙하가 녹아 생긴 물웅덩이는 모기 번식에 최적의 환경을 제공했고, 천적도 없는 모기떼로 인한 북극 생태계에 이변을 초래했다. 환경단체 그린피스는 당시 기준 30년 사이에 북극해 해빙 부피의 75%가 사라졌다고 밝혔다.

오존층 회복을 위한 인류 공동의 노력

2022년 말 유엔환경계획(UNEP)과 세계기상기구(WMO), 국립해양대기국(NOAA), 미국 항공우주국(NASA)은 공동 발간 보고서를 통해 2040년까지 세계 대부분 지역에서 오존층이 1980년대 수준으로 회복되리라 예측했다. 훼손이 심했던 극 지역은 조금 늦어 북극은 2045년, 남극은 2066년에 기존의 수준으로 돌아올 것을 예상했다. 세계 각국이 오존층 회복을 위해 함께 노력한 결과였다.

　오존층은 상공의 성층권에 존재한다. 비교적 고농도의 오존이 존재하는 층이다. 오존층은 지구 외부에서 오는 단파 자외선을 흡수해 지구생태계를 지켜주는 방패 역할을 한다. 남극 상공의 오존 구멍 위성사진이 공개돼 큰 파문이 일었다. 과거 에어컨과 냉장고를 작동시키는 냉매제로 프레온가스(CFC·염화불화탄소)를 사용했다. 이것이 오존층을 파괴하는 주요 원인으로 지목되면서 지구촌은 프레온가스를 대체하는 노력을 시작했다. 이러한 움직임은 염화불화탄소, 할론 등 오존층을 파괴하는 물질에 대한 사용 금지 및 규제를 담은, 1989년 몬트리올의정서 발효로 이어졌다. 이는 CFC를 수소불화탄소(HFC)로 바꾸는 데 결정적인 역할을 했고, 오존층 회복의 주된 기여 요인으로 평가된다.

　그러나 HFC가 지구 열의 외부 방출을 막아 온난화를 일으키는 온실가스 효과가 큰 물질로 밝혀지면서 다시 주목받기 시작했다. 그리고 1987년 몬트리올의정서 및 1997년 교토의정서를 통해 HFC는 지구온난화의 주요 원인 중 하나로 지목됐다. 이후 이산화탄소보다 훨씬 강력한 온실가스 효과를 불러오는 것으로 확인되면서, 몬트리올의정서를 수정한 2016년 키갈리 수정협약을 통해 미국·유럽은 2036년까지 HFC의 사용을 85% 감축, 중국과 100여 개 개발도상국은 2045년까지 80% 감축에 합의했다.

　오존층 회복에 대한 소식은 환경적으로 큰 의미가 있다. 범지구적인 기후환경 문제를 해결하려는 인류의 공동 노력이 가시적으로 확인됐기 때문이다. 이는 나아가 지구온난화라는 인류의 난

제를 풀어가는 데 긍정적인 선례가 됐다. 기후재앙이 뛰쳐나오는
판도라의 상자 속, 숨어 있는 희망이 보인다.

위기의 시대, 우리가 남긴 교훈과 선택

    2024년이 끝나갈 무렵, 우리는 그 어느 때보다도 불안정했던 시간을 지났다. 그리고 2025년을 지나며, 그 혼란이 남긴 파문과 교훈이 어떤 방향으로 흘러가는지 점차 드러나기 시작했다. 특히 2024년 말 한국의 정치적 격변은 깊은 인상을 남겼다. 이전 정권의 취약한 부분이었던 여야 협치와 소통, 사법리스크 등은 임기 내내 계속 삐걱거리다 계엄이라는 극단적 형태로 터져 나왔다. 하지만 국민들의 단합된 목소리와 시민단체들의 즉각적인 행동이 이를 막아냈다. 국회는 국민의 지지를 받아 민주주의의 원칙을 수호했고, 이를 통해 대통령에 대한 탄핵안을 가결했다. 2025년 들어 헌법재판소의 최종 결정과 새로운 정치 질서가 자리 잡으면서, 한국 사회는 다시 민주주의의 방향을 재정비하고 있다. 정치의 혼란 속에서도 시민의 참여가 민주주의를 지켜낼 수 있다는 사실이

이 글은 2025년 1월 6일 자 기사(《주간경향》 1610호)를 바탕으로 작성·보완되었다.

더욱 분명해졌다.

2024년 말로부터의 정치적 격동과 함께, 지구도 우리에게 경고의 메시지를 보내고 있다. 세계기상기구(WMO)가 2025년 3월 19일 발표한 '2024년 전 지구 기후 현황 보고서'에 따르면, 2024년 전 지구 평균 온도가 산업화 이전(1850~1900년) 대비 1.55도 상승한 것으로 나타났다. 이에 2024년은 지구 기온이 산업화 이전 대비 1.5도를 초과한 첫해로 기록됐다. 이는 175년 관측 사상 가장 높은 기록이다. 과학자들이 수십 년간 경고해왔던 '회복 불가능한 위험 구간'이 이제 더 이상 미래가 아니라 현재가 되었음을 보여준다.

지구의 경고는 숫자로만 그치지 않고 기후재앙으로 이어졌다. 2024년의 기록적 폭염과 폭우는 2025년에도 이어졌다. 한반도는 다시 '역대급'이라는 표현을 반복해야 했고, 세계 곳곳에서 나타난 기후재난의 강도와 빈도는 더 이상 예외적 사건이 아니라 일상화된 위기임을 확인하게 했다. 서울 도심이 물에 잠기고, 산사태로 인해 소중한 생명이 희생되었다.

기상청에 따르면, 2025년 여름 전국 평균기온은 25.7도로 지난해(25.6도)를 앞질러 역대 가장 더운 여름이 되었다. 시간당 100mm에 달하는 극한 폭우만 13번 퍼부었고, 강릉을 중심으로 극심한 가뭄이 나타났다. 지구 반대편에서는 이상 고온으로 산불이 걷잡을 수 없이 번졌고, 북극과 남극에서는 얼음이 녹아내려 바다 수위가 계속 상승했다. 2025년 1월, 미국 로스앤젤레스에서 역대급 대형 산불이 발생했다. 2025년 3월 호주 빅토리아주에서는 대규모 산불로 구조되지 못한 코알라들을 살처분하는 비극이 벌어졌다. 2025년 상반기, 동남아시아 곳곳에서 수십 년 만에 최악의 가뭄이 발생하여 많은 이들이 큰 고통을 겪었다. 유럽 중부 지역은 2025년 5월과 6월, 기록적인 집중호우로 인한 홍수 피해를 입었다.

얽혀 있는 정치와 환경

인간 사회와 지구가 직면한 위기는 본질적으로 비슷한 구조를 가진다. 정치와 환경이라는 서로 다른 영역이지만, 두 위기는 기존 체계의 취약성을 드러내며 대응 방식에서도 중요한 공통점을 보여준다. 한국의 대통령 탄핵은 민주주의가 소수 권력에 의해 무너질 수 있음을 경고했고, 이를 막기 위해 국민들의 단합된 목소리와 행동이 필요하다는 것을 증명했다. 마찬가지로, 기후위기는 인류의 무분별한 화석연료 사용이 온실가스 증가를 초래하며 지구의 기후 시스템을 위협하고 있음을 경고한다. 이러한 위기를 극복하기 위해서는 정부, 기업, 그리고 개인이 힘을 합쳐 기존의 구조를 바꾸고 지속 가능한 방향으로 나아가야 한다.

또한, 정치와 환경, 특히 기후위기는 긴밀하게 연결되어 있다. 정치의 안정성과 투명성은 기후위기 대응의 핵심이며, 우리는 한 국가의 정치적 선택이 전 세계 환경에 영향을 미치는 시대에 살고 있기 때문이다. 정부의 정책과 규제는 기후위기 대응의 방향을 결정짓는다. 정치적 선택은 온실가스 배출 감소를 위한 법안을 제정

할 수도 있지만, 반대로 화석연료 산업을 지원하며 위기를 악화시킬 수도 있다.

기후위기는 단순히 환경적 문제를 넘어 정치적 안정성과도 직결된다. 극단적 기후 현상은 자원 부족, 기후 난민, 그리고 지역 갈등을 야기하며 이는 정치적 불안을 심화시킨다. 방글라데시는 기후변화로 인한 대규모 이주와 그로 인한 국제적 갈등을 경험하는 대표적 국가다. 해수면 상승, 홍수, 가뭄 등으로 생계 수단을 잃은 많은 방글라데시인들이 인도로 이주했고, 이는 인도 북동부 지역에서 토지와 자원을 둘러싼 갈등, 더 나아가 폭력사태로 이어졌다. 국내에서도 낙동강 녹조 사태로 인한 식수원 갈등이 지역 간의 분쟁으로 이어지고 있다. 대구와 부산은 악화되는 수질문제로 취수원을 낙동강 상류로 옮기려 하지만, 상류지역의 재산권 침해와 지역 이기주의로 타협점을 찾지 못하고 있다. 결국 기후위기는 정치적 문제일 뿐 아니라, 정치적 해결이 필요한 문제다. 투명하고 책임감 있는 정부가 기후위기에 효과적으로 대응할 수 있으며, 지속 가능한 사회로의 전환을 이끌어낼 수 있다.

돌아온 기후빌런

미국 트럼프 행정부는 귀환은 이 연결성을 더욱 명확히 보여준다. 트럼프 대통령은 과거 1기(2017~2020년) 임기 동안 파리협정에서 탈퇴하고 화석연료 산업을 부활시키며 기후 대응에 역행했다. 온실가스 감축 목표를 거부하며 기후변화를 "사기"라 주장했던 그는, 과거 임기 동안 미국의 환경 보호 정책을 줄줄이 폐지하며 환경과의 전쟁을 치렀다. 오바마 정부 때 만들어진 환경 규제는 물론 공화당 소속 리처드 닉슨 대통령이 1969년 제정한 이후 반세기 이상 미국 환경 정책의 기틀이 되어 온 국가환경정책법(NEPA)까지 개정해 미국 사회를 떠들썩하게 했다. 이후 조 바이든 대통령은 2021년 취임 직후 파리기후협정에 재가입했고, 2022년 국가환경정책법을 복원하는 등 재생에너지 확산에 집중하고 친환경 기술 확대를 지원했다.

그러나 2025년 1월 도널드 트럼프 미국 대통령이 다시 백악관으로 돌아왔다. 그가 첫 집권을 시작한 2017년에 비해 상황은 더 나빠졌다. 8년 사이 지구는 더 뜨거워졌고, 지구재앙은 현실로 이어졌다. 기후위기 부정론자 트럼프 대통령은 집권 2기 동안 바이든 행정부의 친환경 노력을 되돌릴 뿐만 아니라, 지구온난화에 맞서는 세계적 노력에 타격을 주고 있다. 두 번째 임기를 시작하자마자 파리협정을 재탈퇴했다. 미국 에너지부의 기후변화 관련 사업 예산 지원을 중단하고, 연방 정부 차량의 전기차 전환 계획을 철회했다. 세계에서 두 번째로 큰 탄소 배출국 미국을 이끄는 만큼, 그의 반환경 정책은 미국을 넘어 지구 전체에 영향을 미친다. 트럼프 당선인의 백악관 복귀가 확정된 날 국제사회에선 "기후의 암울한 날"이란 탄식이 나왔다.

더 나은 미래를 위한 시민의 힘

2025년을 지나 2026년을 맞은 지금, 우리는 여전히 위기 한 가운데 서 있다. 그러나 지난 2년의 혼란 속에서 분명해진 사실이 있다. 정치는 무너질 수 있지만 시민의 참여는 무너지지 않는다는 것이다. 한국 사회는 계엄의 위기와 대통령 탄핵 사태를 거치며 민주주의의 본질을 다시 확인했다.

기후위기 앞에서도 우리는 더 나은 미래를 그려야 한다. 혼란과 불확실성 속에서도, 다시 길을 찾아야 한다. 지금은 산업화 이전 대비 1.5도를 초과한 기후위기 시대에 살지만, 우리의 선택이 변화를 되돌릴 수도, 앞당길 수도 있다. 이 땅의 민주주의를 지켜냈던 힘으로, 자연을 지켜낼 힘도 만들 수 있다.

그 힘을, 2024년과 2025년의 뜨겁고 치열한 시간을 견뎌낸 시민들의 용기와 연대를 믿는다.

에필로그

이 책에 담긴 글들은 지난 몇 해 동안 〈주간경향〉 지면을 통해 연재한 기록이자, 동시에 제가 살아온 시간의 흔적이기도 합니다. 매달 마감에 쫓기듯 쓴 글들이었지만, 돌이켜 보면 그것은 단순한 기사 모음이 아니라 기후위기라는 거대한 파도 앞에서 우리가 서 있는 자리를 확인하려는 몸짓이었습니다.

기후위기는 어느 한 나라, 한 지역의 문제가 아니라 지구 전체의 운명을 흔드는 현실입니다. 그러나 그 거대한 문제를 우리는 각자의 삶에서 마주합니다. 여름날 길게 이어지는 폭염 속에서, 장바구니 물가가 오르는 순간에, 예상치 못한 물난리나 정전 속에서 기후위기는 늘 곁에 있습니다. 거대한 담론으로 멀리 떨어져 있던 것이 아니라 우리의 일상 속에서 조용히, 그러나 분명히 모습을 드러내고 있습니다.

돌아보면 지난 몇 년 동안 수많은 절망의 장면을 보았습니다. 캐나다 밴쿠버를 뒤덮은 폭염과 산불, 로키산맥에서 녹아내리던 빙하, 호주 산불로 삶터를 잃은 코알라들, 그리고 리비아를 삼킨 거대한 홍수….

그러나 그 속에서도 저는 희망을 보았습니다. 위기를 직시하고 변화를 이끌어가는 사람들, 세대와 지역을 넘어 서로의 손을 잡는 이들, 숲과 강을 지키려는 작은 실천과 에너지를 전환하려는 노력들 속에서 저는 여전히 희망의 가능성을 봅니다.

이 책은 완결된 해답을 제시하지 않습니다. 한 권의 책으로 기후위기를 해결하기엔 그것은 너무나 큰 담론이며, 수많은 문제가 얽인 어려운 숙제이기 때문입니다. 다만 우리가 마주한 현실을 조금 더 선명하게 드러내고, 그 속에서 길을 찾는 과정의 동반자가 되고자 했습니다. 기후위기는 더 이상 먼 미래의 이야기가 아니라, 지금 이곳에서 우리의 삶을 흔드는 현실로 다가와 있음을 알리고자 했습니다.

우리가 살아가는 오늘의 선택과 행동이 곧 미래세대의 삶으로 이어진다는 사실을 조용히 떠올려 봅니다. 우리가 지금 내리는 선택과 행동이 우리의 자녀와 손주, 그리고 아직 태어나지 않은 세대의 삶을 결정짓습니다. 그것이 무겁게 느껴질 수도 있겠지만, 동시에 우리가 여전히 희망을 가질 수 있는 이유이기도 합니다.

이 책에서 마주한 모든 풍경은, 결국 자연과 인간이 함께 걸어온 길의 흔적입니다. 그리고 이 땅의 숲과 강, 바다와 하늘을 조금 더 아름답게 가꾸고 지켜 다음 세대에게 그대로 건네줄 수 있기를 바랍니다. 비자림 숲의 초록과 로키산맥 호수의 푸른빛이 먼 훗날에도 우리 아이들의 눈에 그대로 비친다면 좋겠습니다.

이만큼 가까운 기후위기

기후의 시대를 사는 우리의 모습을 기록하다

초판 1쇄 발행 2026년 3월 30일

지은이 정봉석
펴낸이 강수걸
편집 이혜정 강나래 오해은 이선화 이소영 박재화 이채연
디자인 권문경 조은비
펴낸곳 산지니
등록 2005년 2월 7일 제333-3370000251002005000001호
주소 부산시 해운대구 수영강변대로 140 BCC 626호
전화 051-504-7070 | 팩스 051-507-7543
홈페이지 www.sanzinibook.com
전자우편 sanzini@sanzinibook.com
블로그 sanzinibook.tistory.com

ISBN 979-11-6861-650-9 03330